CHOIX

DE

PETITS DRAMES

1re SÉRIE IN-8.

CHOIX

DE

PETITS DRAMES

POUR LES ENFANTS

PAR BERQUIN.

LIMOGES

EUGÈNE ARDANT ET Cie, ÉDITEURS.

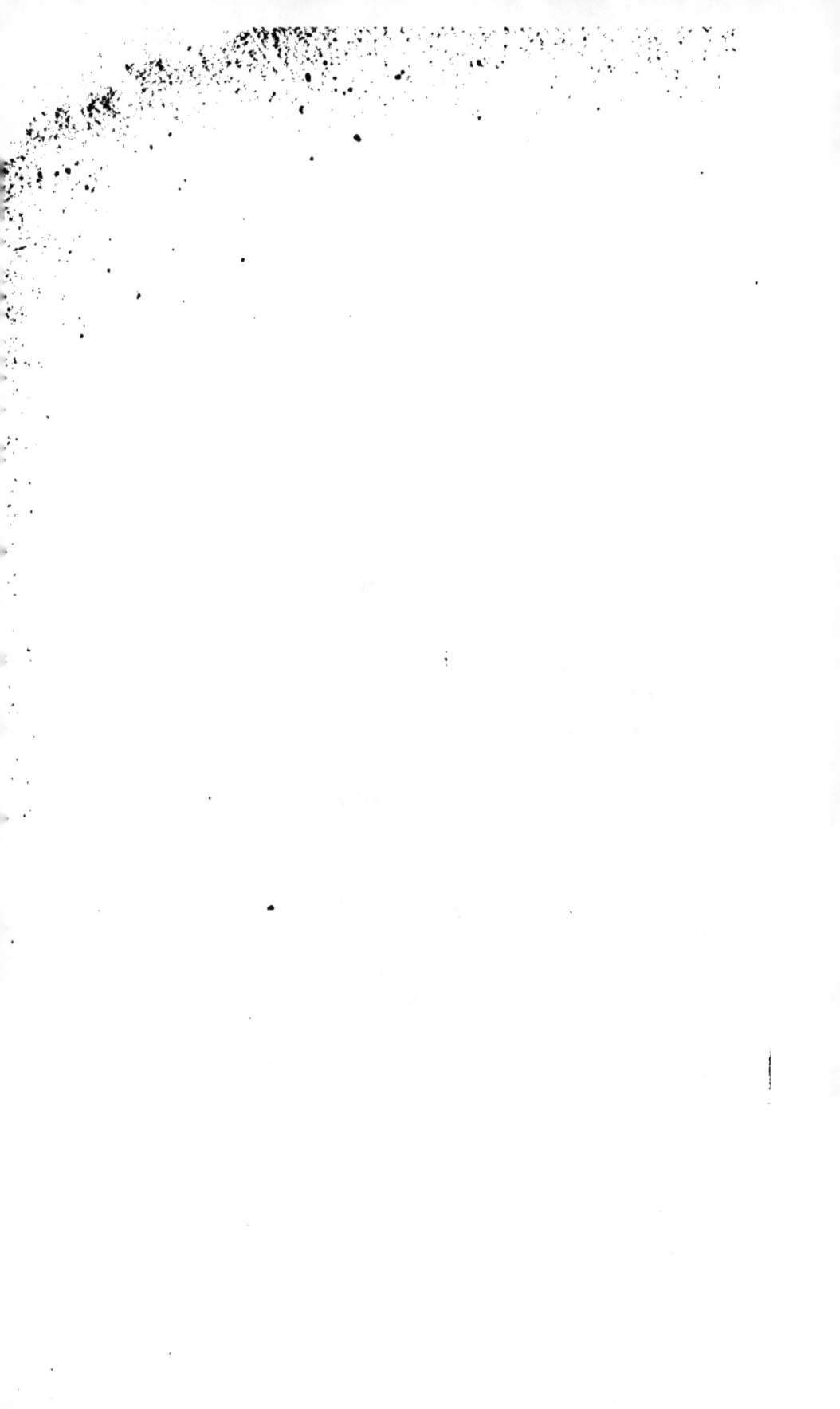

CHOIX

DE

PETITS DRAMES.

———⋘———

LE PETIT JOUEUR DE VIOLON.

PERSONNAGES.

M. DE MELFORT.
CHARLES, son fils.
SOPHIE, sa fille.
SAINT-FIRMIN, son neveu.

AGATHE,
CHARLOTTE, } amies de Sophie.
JONAS, petit joueur de violon.

La scène est à Paris, dans la maison de M. de Melfort.

SCÈNE PREMIÈRE.

CHARLES, SAINT-FIRMIN.

CHARLES. Ecoute, mon petit cousin, il faut que tu me fasses un plaisir.

SAINT-FIRMIN. Voyons, de quoi s'agit-il? Tu as toujours quelque chose à me demander.

CHARLES. C'est parce que tu es le plus habile de nous deux. Tu sais bien la version de cette fable de Phèdre que notre précepteur m'a donnée à faire?

SAINT-FIRMIN. Est-ce que tu ne l'as pas encore finie?

CHARLES. Comment aurais-je pu l'achever? je ne l'ai pas commencée.

SAINT-FIRMIN. Tu n'as donc pas eu le temps d'y travailler depuis onze heures jusqu'à trois?

CHARLES. Tu vas voir si cela était possible. A onze heures, j'avais besoin de courir un peu dans le jardin, afin de gagner de l'appétit pour dîner. Nous sommes restés à table depuis midi jusqu'à une heure. S'asseoir et s'appliquer tout de suite après le repas, tu sais combien le médecin de papa dit que c'est dangereux. Ainsi, comme j'avais bien mangé, il m'a fallu faire longtemps de l'exercice pour ma digestion.

SAINT-FIRMIN. Mais au moins à présent la voilà faite; et jusqu'à la nuit tu as plus de temps qu'il ne t'en faut.

CHARLES. Est-ce que ce temps n'est pas marqué pour ma leçon d'écriture?

SAINT-FIRMIN. Mais puisque ton maître n'est pas venu.

CHARLES. Je l'attendrai : je vais tout de travers lorsque mes heures sont dérangées.

SAINT-FIRMIN. Tu auras encore après ta leçon un petit reste d'après-midi, et toute la soirée.

CHARLES. Je n'aurai pas une minute. Ma sœur attend aujourd'hui la visite des deux demoiselles de Saint-Félix.

SAINT-FIRMIN. Est-ce pour toi qu'elles viennent?

CHARLES. Non; mais il faut bien que j'aide ma sœur à les amuser.

SAINT-FIRMIN. Et qui t'empêchera, lorsque ces demoiselles seront retirées?

CHARLES. Oui-dà! travailler aux lumières, pour me gâter la vue! Cependant il faut que demain au matin ma version se trouve prête.

SAINT-FIRMIN. Eh bien! qu'elle le soit ou qu'elle ne le soit pas, que m'importe?

CHARLES. Tu voudrais donc me voir réprimander par notre précepteur et par mon papa?

SAINT-FIRMIN. Tu sais toujours me prendre par mon faible. Voyons, où est cette version?

CHARLES. Là-haut dans notre chambre, sur ma table. Je vais te la chercher, ou plutôt viens avec moi.

SAINT-FIRMIN. Va le premier, je te suis à l'instant. Je vois venir ta sœur qui voudrait me parler.

CHARLES. Ne va pas au moins lui dire tout ceci, entends-tu?

SCÈNE II.

SOPHIE, SAINT-FIRMIN.

SOPHIE. Eh bien! mon petit cousin, quel démêlé avais-tu là avec mon frère? Il t'a assurément joué quelque tour de son métier.

SAINT-FIRMIN. Ce n'est pas un tour de son métier, c'est une demande de sa façon : il veut que je lui fasse, comme à l'ordinaire, son devoir pour demain.

SOPHIE. Et mon papa ne sera jamais instruit de sa paresse!

SAINT-FIRMIN. Ce n'est pas moi qui me chargerai de l'en

avertir. Tu sais que, depuis la mort de ta maman, mon oncle est d'une santé si faible que la moindre émotion le rend malade pour plusieurs jours. D'ailleurs je vis de ses bienfaits, et il pourrait croire que je cherche à perdre son fils dans son esprit.

SOPHIE. Eh bien ! j'attends mon frère à la première occasion... Mais sais-tu pourquoi je voulais te parler ? C'est que les demoiselles de Saint-Félix viennent aujourd'hui me voir : il faut que tu nous aides à nous bien amuser.

SAINT-FIRMIN. Oh ! je ferai de mon mieux, ma petite cousine.

SOPHIE. Ah ! les voici.

SCÈNE III.

SAINT-FIRMIN, SOPHIE, AGATHE et CHARLOTTE DE SAINT-FÉLIX.

SOPHIE. Bonjour, mes bonnes amies.

Elles s'embrassent l'une et l'autre, et font la révérence à Saint-Firmin, qui leur baise la main avec respect.

CHARLOTTE. Il me semble qu'il y a un an que je ne t'ai vue.

AGATHE. Mais il y a déjà bien longtemps.

SOPHIE. Il y a, je crois, plus de trois semaines.

Saint-Firmin range les tables et dispose des sièges.

CHARLOTTE. Ne vous donnez pas cette peine, monsieur de Saint-Firmin.

SAINT-FIRMIN. Mademoiselle, je ne fais que mon devoir.

sophie. Oh! je suis bien sûre que Saint-Firmin le fait avec plaisir. (*Elle lui présente la main.*) Je voudrais que mon frère eût un peu de sa complaisance.

SCÈNE IV.

SAINT-FIRMIN, SOPHIE, AGATHE, CHARLOTTE, CHARLES.

CHARLES, *sans faire la moindre attention aux demoiselles de Saint-Félix.* C'est bien mal à toi, Saint-Firmin, de me faire si longtemps attendre, pour faire ici le gentil.

SAINT-FIRMIN. Je croyais être le dernier de la compagnie à qui tu adresserais tes compliments.

CHARLES. Oh! n'en soyez pas fâchées, mesdemoiselles : je vais être bientôt à vous.

AGATHE. Ne vous pressez pas, au moins, monsieur Charles. (*Charles mène à l'écart Saint-Firmin; et tandis que les jeunes demoiselles s'entretiennent ensemble, il tire de sa poche le papier de la version, et le donne à Saint-Firmin.*) La voilà, tu m'entends?

SAINT-FIRMIN. Six lignes! C'est bien la peine. N'as-tu pas de honte?

CHARLES. Chut! Tais-toi.

SAINT-FIRMIN. Mesdemoiselles, si vous le permettez, je sors pour un demi-quart d'heure.

CHARLOTTE. Nous vous attendrons avec impatience.

SOPHIE. Puisque tu sors, mon petit cousin, fais-moi le plaisir de dire à Justine de servir le thé.

SCÈNE V.

CHARLES, SOPHIE, AGATHE, CHARLOTTE.

CHARLES, *se jetant dans un fauteuil.* Allons, c'est ici
que je m'établis.

SOPHIE. Je pense qu'il aurait été à propos d'en demander la permission.

CHARLES. A toi, peut-être?

SOPHIE. Je ne suis pas seule ici.

CHARLOTTE. Je vois que ton frère nous compte pour
rien.

AGATHE. C'est qu'il s'imagine apparemment nous honorer beaucoup en restant avec nous.

CHARLES. Oh! je sais bien que vous pourriez vous passer de ma compagnie; mais, moi, je ne me prive-
rais pas si aisément de la vôtre.

SOPHIE. Voilà au moins une apparence de compliment.
Il est vrai que tu aurais dû faire entrer le thé pour
quelque chose.

CHARLES. Mais vraiment, ma sœur, ne te figure pas
que je sois ici pour toi.

SOPHIE. Oh! pour cela, je pense trop humblement de
mon mérite. Tout ce qui pourrait me donner de
l'orgueil, c'est d'être la sœur d'un garçon aussi
honnête.

Justine apporte le thé et le met auprès de Sophie.

CHARLES. Laisse-moi le verser, je te prie.

SOPHIE. Prends toi-même ce qu'il te faut, mon cœur.
(Elle lui présente le sucrier et une tasse. Charles en

prend une pour lui, et s'empare du sucrier. — A Charles.) Tu en as déjà trois gros morceaux

CHARLES. Mais ce n'est pas trop; j'aime à boire un peu doux.

Il prend plusieurs morceaux de sucre l'un après l'autre, jusqu'à ce que sa sœur lui retire le sucrier des mains.

SOPHIE. N'as-tu pas de honte! tu vois bien qu'il n'en restera pas pour nous.

CHARLES. Ne sais-tu pas où est le buffet?

SOPHIE. Mon frère se reprocherait d'épargner une peine à sa sœur.

SOPHIE, *après avoir rassemblé près d'elle toutes les tasses, pour verser une seconde fois du thé. Charles, présente cette tasse à Agathe.*

Charles prend la tasse, et en la présentant à Agathe il la verse sur sa robe. Elles se lèvent toutes avec précipitation.

SOPHIE. Voilà une preuve de sa politesse. *(Bas, à Charles.)* Je parierais, méchant, que tu l'as fait à dessein?

AGATHE. Ah Dieu! que dira maman? et qu'allons-nous faire?

CHARLOTTE. C'est la seconde fois qu'elle met cette robe. Allons, vite un verre d'eau fraîche.

SOPHIE. Non, j'ai ouï dire qu'il était mieux de frotter avec un linge sec. Voici un mouchoir tout blanc.

Elles vont à Agathe. Charlotte tient la robe, et Sophie frotte. Pendant ce temps, Charles reste à table, et boit tout à son aise.

CHARLOTTE. Bon, bon, cela passe; il faut le laisser sécher.

AGATHE. Par bonheur, c'est dans un pli où l'on ne va pas s'amuser à regarder.

CHARLES, *à part*. Ce n'est pas ma faute.

SOPHIE. Tiens, vois, Charlotte, je ne crois pas qu'il y paraisse.

CHARLOTTE. Si je n'avais vu d'abord la tache...

AGATHE. A la bonne heure. Mais, monsieur Charles, une autre fois, je vous prie de vous épargner la peine de me servir.

SOPHIE. Remettons-nous, mes bonnes amies. (*Elle veut verser du thé, et elle trouve la théière vide. Elle regarde Charles avec indignation.*) Non, cela est d'une grossièreté qu'on ne saurait imaginer. Croiriez-vous bien, mesdemoiselles, que dans le temps où nous étions si fort en peine, il a pris tout le thé? Je vais dire qu'on en fasse d'autre : attendez un moment.

CHARLOTTE. Non, c'est assez; je n'en boirai plus une goutte.

AGATHE. Le malheur qui est arrivé à ma robe m'a ôté la soif.

CHARLES. Mais ne vous gênez pas. On peut en faire une seconde fois.

AGATHE. Effectivement, tu avais dû prévoir que ton frère serait notre convive.

SOPHIE. Ceux qui ne sont pas invités devraient au moins attendre que ce fût leur tour.

CHARLOTTE. N'en parlons plus, je n'y ai pas le moindre regret.

SOPHIE. Eh bien ! à présent, qu'allons-nous faire? Ah!

voici notre ami Saint-Firmin ; il nous aidera à choisir quelque jeu.

CHARLES, *d'un air moqueur.* Notre ami Saint-Firmin !... Mesdemoiselles, il faut que je lui parle avant vous.

Il va au-devant de Saint-Firmin, tandis que les jeunes demoiselles s'entretiennent ensemble.

SCÈNE VI.

AGATHE, CHARLOTTE, SOPHIE, SAINT-FIRMIN, CHARLES.

CHARLES, *à Saint-Firmin.* Eh bien ! as-tu fini ?

SAINT-FIRMIN. La voilà : prends, et rougis de ta paresse. Eh bien, mesdemoiselles, avez-vous quelque jeu d'arrêté ?

AGATHE. Nous vous attendions pour décider notre partie.

SAINT-FIRMIN. J'ai là-bas un petit musicien à vos ordres : si vous me le permettez, je vais l'appeler pour vous chanter quelque chanson, ou pour vous faire danser.

SOPHIE. Un petit musicien ! où est-il ? où est-il ?

CHARLOTTE. Il faut convenir que M. de Saint-Firmin s'entend bien à amuser sa société.

SAINT-FIRMIN. Nous ferons, en nous amusant, un acte de charité, car le pauvre petit musicien ne possède rien sur la terre que son violon.

CHARLES. Et qui le paiera, monsieur de Saint-Firmin ! Il parle et il agit toujours comme si le roi était son parrain, et il n'a pas une maille.

SOPHIE. Ne rougis-tu pas, mon frère ?

SAINT-FIRMIN. Laisse-le, ma cousine, il ne m'offense
point; ce n'est pas un crime d'être pauvre : je res-
semble par là à mon petit musicien, qui est un
très bon enfant. Je lui donnerai douze sous qui me
restent dans ma bourse, et il m'a promis de jouer
à ce prix toute la soirée.

CHARLOTTE. Nous nous cotiserons toutes pour le
payer.

AGATHE. Oui, oui, nous boursillerons.

SAINT-FIRMIN. Voulez-vous que j'aille le chercher? Il
attend là-bas à la porte.

SOPHIE. Sûrement, mon cher petit cousin, et dépêche-
toi.

Saint-Firmin sort, en même temps Justine apporte un gâteau
sur un plat.

SCÈNE VII.

AGATHE, CHARLOTTE, SOPHIE, CHARLES.

Charles veut prendre le plat des mains de Justine. Sophie
l'en empêche.

CHARLES. C'est que je voulais faire les portions.

SOPHIE. Je vais t'en épargner la peine : tu pourrais les
faire si bien qu'il ne nous resterait pas plus du gâteau que du thé.

Elle fait le partage, et présente les morceaux à la ronde.

CHARLES, après avoir pris sa portion. Pour qui donc le
morceau qui reste ?

SOPHIE. Est-ce que mon petit cousin n'en aurait pas?

AGATHE. J'aimerais mieux lui donner ma portion.

CHARLOTTE. Et moi aussi la mienne.

CHARLES, *avec aigreur.* Il est bien heureux.

SOPHIE. Tu ne vois que sa portion du gâteau à lui envier.

SCÈNE VIII.

AGATHE, CHARLOTTE, SOPHIE, CHARLES, SAINT-FIRMIN, *tenant par la main le petit JONAS, qui a un violon sous le bras.*

SAINT-FIRMIN. J'ai l'honneur de vous présenter mon petit virtuose.

CHARLOTTE et AGATHE. Il est tout-à-fait gentil.

SOPHIE. De quel pays es-tu, mon enfant?

JONAS. Je suis des montagnes de la Bresse.

AGATHE. Et pourquoi viens-tu de si loin?

JONAS. C'est que mon pauvre père est aveugle : il ne peut plus travailler : nous courons le pays, et il faut que je lui gagne du pain avec mon petit violon.

SOPHIE. Eh bien ! veux-tu nous faire connaître ton savoir-faire?

JONAS. Ce sera de bon cœur; mais mon talent n'est pas grand'chose.

SAINT-FIRMIN. Joue de ton mieux : ce sera toujours bien pour moi; et ces demoiselles seront assez bonnes pour te pardonner quelques faux tons, si tu en fais.

Jonas accorde son violon. Agathe, en même temps, prend l'assiette avec le reste du gâteau, et le présente à Saint-Firmin. Il la remercie, prend l'assiette et la tient à la main, sans toucher au gâteau, pour écouter Jonas. Celui-ci commence

d'abord à jouer sur son violon l'air de la chanson suivante,
ensuite il chante :

Plaignez le sort d'un petit malheureux
Chargé tout seul du soin de son vieux père !
Ils n'ont, hélas ! pour se nourrir tous deux,
Que la pitié qu'inspire leur misère.

Plaignez leur sort, prêtez-leur vos secours ;
C'est à regret que leur voix vous implore.
De longs travaux l'un a rempli ses jours ;
Pour travailler l'autre est trop faible encore.

Soyez touchés de leur sort malheureux ;
Ayez pitié de l'enfant et du père ;
Ils n'ont, hélas! pour se nourrir tous deux,
Qu'un peu de pain qu'on donne à leur misère.

SAINT-FIRMIN, *lui tendant la main.* Mon cher enfant,
vous êtes donc bien pauvres ?

JONAS. Hélas ! oui ; mais avec mon violon j'espère que
nous ne manquerons pas. Si nous sommes mala-
des, le bon Dieu aura soin de nous ; et si nous
mourons, nous n'aurons besoin que d'un petit coin
de terre, que l'on trouve partout.

SAINT-FIRMIN. Mais, mon petit malheureux, peut-être
que tu as faim ? Tiens, tiens, voici mon gâteau.

JONAS. Nenni, mon beau monsieur, mangez-le vous-
même : un peu de pain est tout ce qu'il me faut.

SAINT-FIRMIN. Non, tu prendras ceci ; je sais manger du
pain aussi bien que toi.

JONAS. Eh bien ! je vous remercie ; mais je ne le man-
gerai pas à présent : je veux le partager avec mon

père; il n'est pas accoutumé à manger de si bonnes choses.

SOPHIE. Ton pauvre père, dis-tu? tiens, ma portion est pour lui.

CHARLOTTE. Voici encore la mienne.

AGATHE. Prends la mienne aussi.

JONAS. Nenni, nenni : gardez votre gâteau, mes jolies demoiselles, j'en ai assez d'un morceau : ce n'est pas avec ces friandises qu'on se rassasie.

CHARLES, *ironiquement*. Il a raison; cela lui ferait perdre sa belle voix.

SOPHIE, *à Charles*. Personne ne t'a demandé ta portion.

CHARLES. Oh! il y a longtemps que je l'ai croquée.

SAINT-FIRMIN, *à Jonas*. Allons, mon ami, veux-tu goûter d'abord de ton gâteau?

JONAS. Nenni, mon beau monsieur; puisque vous voulez bien me le donner, souffrez que je l'enveloppe dans mon mouchoir pour l'emporter avec moi.

SOPHIE. Attends un peu, je te donnerai un morceau de linge plus propre; tu peux, en attendant, mettre le morceau sur la fenêtre.

JONAS. Oui, ma petite demoiselle; je suis ici pour jouer du violon, et non pour manger. Jouerai-je encore un petit air?

SAINT-FIRMIN. Non, c'en est assez; à moins que vous n'en demandiez davantage, mesdemoiselles. Le pauvre malheureux ne sera pas fâché d'aller gagner ailleurs quelque chose. Je vous avais déjà dit

le peu que j'ai dans ma bourse, et Charles a es-
quivé sa contribution.

CHARLOTTE. Nous voulons toutes contribuer avec
vous.

AGATHE. Cela va sans dire. (*Elle tire sa bourse.*) Tenez,
monsieur de Saint-Firmin, voilà mes douze sous.

CHARLOTTE. Voilà aussi les miens.

SOPHIE. Tiens, mon petit cousin, voici une pièce de
vingt-quatre sous; garde ton argent; ce sera pour
nous deux.

SAINT-FIRMIN. Non, non, Sophie, je dois être le premier
à payer.

> Il rassemble toutes les pièces et les donne à Jonas.

JONAS Je ne prendrai jamais tout cela; ce beau petit
monsieur ne m'a promis que douze sous.

SAINT-FIRMIN. Prends tout, mon ami; nous avons tant
de plaisir de pouvoir te faire du bien!

JONAS. Que le bon Dieu vous en récompense! (*A Sophie.*)
A présent, mademoiselle, si vous vouliez avoir la
complaisance de me donner un mauvais morceau
de linge pour envelopper le gâteau que vous m'a-
vez fait prendre.

SOPHIE. Je l'avais oublié. (*Elle court à une petite commode et en tire un mouchoir.*) Tiens, il est un peu
usé, mais il servira bien pour cela.

JONAS. Voyez, il n'est encore que trop bon. Je n'ose
pas le recevoir.

SOPHIE. Je ne puis plus m'en servir, et je l'aurais donné
à un autre.

JONAS. Que le bon Dieu vous récompense de votre générosité.

Il va à la fenêtre pour prendre le gâteau.

SOPHIE. Donne-le moi, que je l'enveloppe.

On cherche inutilement le gâteau

JONAS, *tristement.* Il n'y est plus.

SOPHIE. C'est un bien mauvais garnement! Il aura pris la portion du petit malheureux.

JONAS. N'en soyez pas fâchée, ma petite demoiselle; je ne le regrette que par rapport à mon pauvre père.

SAINT-FIRMIN. Si Charles n'était pas ton frère, sa gourmandise lui coûterait cher; mais il ne faut pas que le père de Jonas en souffre. Ma chère Sophie, si tu voulais me prêter les douze sous que tu voulais donner pour moi tout-à-l'heure...

SOPHIE. Non, mon cousin; je veux en avoir le mérite à moi seule. (*A Jonas.*) Tiens, voilà douze sous; achète à ton père un autre morceau de gâteau.

Charlotte et Agathe fouillent dans leur bourse.

CHARLOTTE. Tiens, voici quelque monnaie.

AGATHE. Prends donc.

JONAS. Bon Dieu! bon Dieu! Non! c'est trop.

SAINT-FIRMIN *lui tend la main avec attendrissement.* Que je suis malheureux de n'avoir rien de plus à te donner! Mais je suis orphelin, et je vis, comme toi, des bienfaits des autres.

JONAS, *à Saint-Firmin.* Je voudrais que vous ne m'eussiez pas amené ici, ou que vous reprissiez votre argent.

SAINT-FIRMIN. Ne te mets pas en peine de moi. Adieu; va chercher à gagner la vie.

JONAS *en sortant*, *à Sophie*. Voilà votre mouchoir, mademoiselle.

SOPHIE. Garde-le, si tu en as besoin.

JONAS. Que le ciel vous conserve toutes en santé, et
vous rende encore plus aimables!

Il sort.

SCÈNE IX.

SOPHIE, CHARLOTTE, AGATHE, SAINT-FIRMIN.

SOPHIE. Concevez-vous quelque chose de plus indigne
que la conduite de Charles?

AGATHE. Il ne s'aviserait pas de ces tours si j'étais sa
sœur.

CHARLOTTE. Je suis affligée qu'il ait détruit toute la joie
que nous avions à faire du bien à ce petit malheureux.

AGATHE. Il n'est pas maintenant trop à plaindre; le gâteau lui a été bien payé.

SAINT-FIRMIN. Il est vrai, grâce à votre générosité. Mais
cela ne justifie pas l'action de Charles; et le pauvre Jonas aurait pu avoir l'un sans perdre l'autre.

SOPHIE. C'est toi, mon petit cousin, qui en souffres le
plus. Tu t'es privé de ta portion, et c'est mon vaurien de frère qui l'a mangée.

On frappe à la porte.

SCENE X.

AGATHE, CHARLOTTE, SAINT-FIRMIN JONAS.

SAINT-FIRMIN. Voici encore notre petit violon. Que nous veux-tu, mon ami?

JONAS, *en pleurant.* Ah! Dieu! Dieu! secourez-moi; je suis perdu.

Les enfants s'assemblent autour de lui.

SOPHIE. Que t'est-il donc arrivé?

JONAS. Toute ma pauvre richesse... avec laquelle je me nourrissais moi et mon père... Voyez, voyez... mon petit violon... il est tout en pièces; et votre mouchoir, votre argent... tout est perdu... il m'a tout pris...

SAINT-FIRMIN. Et qui t'a brisé ton violon? qui t'a pris ton argent?

JONAS. Celui... qui m'avait déjà pris mon gâteau.

SOPHIE. Mon frère? est-il possible?

SAINT-FIRMIN. Charles?

CHARLOTTE. C'est incroyable.

AGATHE. Oh! le scélérat!

JONAS. Oui, c'est lui. Je passais le seuil de la porte: voilà qu'il s'approche de moi, et qu'il me demande si j'avais été payé de ma musique, sans quoi il allait me payer. Oh! oui, je l'ai été, lui ai-je répondu, sûrement; je n'ai été que trop bien payé. Où prennent-ils donc cet argent? a-t-il dit. Voyons un peu ce qu'on t'a donné. Et moi, imbécile que je suis! j'aurais dû penser au gâteau; mais je n'y pensais plus. J'étais si joyeux d'apporter tant d'argent à mon père! Je n'en avais pas fait le compte ; j'étais bien aise de le savoir. Je pose mon violon à terre, à côté de moi. Je tire ensuite le mouchoir. Voilà qui est encore par-dessus le marché, lui ai-je dit ; c'est une des petites demoiselles qui me l'a donné. J'avais mis dedans tout mon argent. Quand j'ai voulu le dénouer il a sauté dessus. J'ai deviné sa malice. Il tire à lui ; je retire à moi. Tout-à coup il s'aperçoit que mon violon est par terre ; il y met ses deux pieds en trépignant. Les bras me sont tombés. J'ai lâché le mouchoir ; il l'a pris, et s'est enfui, mon violon et l'archet sont brisés, et je n'ai plus ni le mouchoir ni l'argent. O mon père ! mon pauvre père ! qu'allons-nous devenir?

SOPHIE. Mais effectivement je ne le sais pas... Je n'ai plus rien du tout. O mon cher cousin !

CHARLOTTE, *à Jonas.* Voici quelques petites pièces; c'est tout ce que j'ai sur moi.

JONAS. Ma belle demoiselle, je vous remercie ; mais pour cela je ne puis pas avoir un violon. O mon pauvre père ! il y a plus de quinze ans qu'il l'avait.

AGATHE. Prends encore ceci ; c'est le fond de ma bourse.

SOPHIE *court à sa commode.* Voilà mon dé, il est d'or : cours le vendre, mon pauvre ami ; j'en ai un d'ivoire qui me servira à la place.

SAINT-FIRMIN. Non, garde ton dé, ma petite cousine. Attends, mon ami, je puis te tirer d'embarras. (*Il se baisse, ôte ses boucles et les lui donne.*) J'en ai une autre paire de similor. Tu auras sûrement

douze francs de celles-ci. Elles sont bien à moi;
c'est mon parrain qui me les a données pour le
jour de ma fête.

Sophie lui présente son dé, et Saint-Firmin ses boucles; Jonas
hésite à les prendre.

JONAS. Non, je ne veux rien prendre de cela; mon père
croirait que je l'ai dérobé.

SOPHIE. Prends au moins mon dé.

SAINT-FIRMIN. Veux-tu prendre mes boucles? Tu me
mettrais en colère. Prends, te dis-je.

JONAS. Ah! Dieu de bonté! vous voulez que je vous
prive de vos bijoux?

SAINT-FIRMIN. N'? t'en mets pas en peine. Dieu me rendra peut-être plus que je ne te donne. Ton père a
besoin de pain; moi, je n'ai pas de père à nourrir.

SOPHIE. Va, va, et prends garde à bien faire tes petites
affaires.

JONAS. Reprenez au moins votre dé.

SOPHIE. Je n'y pense plus.

CHARLOTTE. Si tu passes jamais devant chez nous, j'aurai soin de toi.

AGATHE. C'est à la place Royale, tout vis-à-vis la tête
du cheval. Tu n'as qu'à demander les demoiselles
de Saint-Félix, au premier.

JONAS. Oh! les gens qui demeurent au premier me ren-
voient toujours; je ne monte jamais que tout-à-
fait dans le haut de la maison.

SOPHIE. C'est assez; ton père est peut-être inquiet sur
ton compte, et le nôtre pourrait venir.

JONAS. Comment? monsieur votre père? Est-ce que
vous l'attendez tout-à-l'heure?

SOPHIE. Oui, va-t'en ; et puis le coquin qui t'a enlevé
ton argent pourrait encore l'enlever ceci.

JONAS. Vous êtes bien sûrs au moins qu'on ne vous
grondera pas ?

SAINT-FIRMIN. Non, ne crains rien. Adieu.

JONAS, *en sortant*. Les bons petits cœurs !

SCÈNE XI.

SOPHIE, CHARLOTTE, AGATHE, SAINT-FIRMIN.

CHARLOTTE. Je suis bien fâchée que vous vous soyez
défait de vos boucles, monsieur de Saint-Firmin.

AGATHE. Vous nous donnez là un bel exemple.

SAINT-FIRMIN. C'est celui que j'ai reçu de Sophie. Si
je n'avais pas vu faire à Charles une si vilaine action, je me réjouirais d'avoir trouvé l'occasion de
faire une bonne œuvre. Que je vais regarder mes
boucles de similor avec plaisir !

SCÈNE XII.

M. DE MELFORT, AGATHE, CHARLOTTE, SAINT-FIRMIN, JONAS.

Les enfants s'assemblent en peloton. Sophie et Saint-Firmin
regardent le petit Jonas, et se parlent à l'oreille.

M. DE MELFORT, *aux demoiselles de Saint-Félix*. Bonjour,
mesdemoiselles, je vous remercie de l'honneur
que vous avez fait à ma fille ; mais permettez-
moi, je vous prie, d'écouter en votre présence ce

petit garçon. Il m'attendait sur l'escalier, et il ne veut pas me quitter sans m'avoir parlé devant vous. (*A Jonas.*) Voyons, qu'as-tu à me dire?

JONAS, *à Sophie et à Saint-Firmin*. Mes bonnes petites personnes, je vous prie, pour l'amour de Dieu, de ne m'en vouloir pas de mal; mais je ne puis me taire; ce serait mal fait à moi si je gardais ce que vous m'avez fait prendre sans le consentement de votre père. Je sais que les enfants n'ont rien à donner.

M. DE MELFORT. Qu'est-ce donc que ceci?

JONAS. Je vais vous le dire. Ce jeune monsieur m'appelle par la fenêtre, pour jouer du violon. Il y avait encore un autre petit monsieur bien joli, mais un bien méchant drôle.

M. DE MELFORT. Quoi! mon fils?

JONAS. Pardonnez-moi, cela m'est échappé. Je joue de mon mieux les airs que je sais, et ces bonnes petites personnes me font la grâce de me donner un morceau de gâteau, un mouchoir pour l'envelopper, avec une poignée de petites pièces: je ne sais pas ce qu'il y avait.

M. DE MELFORT. Eh bien?

JONAS. Eh bien! le petit monsieur m'a pris le gâteau que je voulais porter à mon père, qui est aveugle. Passe pour cela. Mais il sort de la chambre en cachette, et lorsque je me retire tout joyeux avec mon petit paquet, il me guette au passage, me prend le mouchoir avec tout l'argent, et met mon violon en pièces. Tenez, le voyez-vous? (*Il se met*

2

d pleurer.) Toute ma richesse, avec laquelle je me nourrissais moi et mon père.

M. DE MELFORT. Dis-tu vrai? ce serait une effroyable méchanceté. Quoi! mon fils?

CHARLOTTE. Sa conduite dans tout le reste rend ceci très croyable. Demandez à Sophie elle-même.

M. DE MELFORT. Va mon ami, ne t'afflige pas; je saurai te dédommager; mais est-ce là tout?

JONAS. Non, Monsieur : écoutez seulement. Dans le chagrin où j'étais, je suis rentré pour raconter l'aventure à ces bonnes petites personnes. Elles n'avaient pas assez d'argent pour payer le dommage. Voilà cette jolie demoiselle qui me donne son dé d'or, et ce jeune monsieur ses boucles d'argent. Je ne pouvais pas les prendre : mon père aurait cru que je les aurais volés. Je savais que vous alliez revenir; je vous ai attendu pour vous les rendre : les voici... Mais je n'ai donc plus de violon! O mon violon! ô mon pauvre père!

M. DE MELFORT. Que viens-tu de me raconter? est-ce toi, est-ce vous, mes braves enfants, que je dois le plus admirer? Excellente petite créature! dans une extrême indigence, tout perdre! et dans la crainte de faire le mal, courir le risque de laisser mourir de faim un père que tu aimes!

JONAS. Est-ce donc si beau de n'être pas un méchant? Non, le pain mal gagné ne profite pas. C'est ce que mon père et ma mère m'ont toujours dit. Si vous vouliez seulement m'acheter un violon, tout serait réparé. Ce que le dé et les boucles m'auraient valu de plus, c'est le bon Dieu qui m'en tiendra compte.

M. DE MELFORT. Il faut que ton père et toi vous ayez une droiture bien extraordinaire pour ne pas soupçonner seulement la corruption des autres hommes. Dieu veut se servir de moi pour répandre sur vous ses bienfaits. Reste avec nous. Je veux d'abord te mettre auprès de Saint-Firmin; nous verrons ensuite ce que nous aurons de mieux à faire.

JONAS. Quoi! auprès de ce petit ange! oh! je suis transporté de joie. (*Il baise la main de Saint-Firmin.*) Mais non (*avec tristesse*), je ne veux pas laisser mon père tout seul. Sans moi, comment ferait-il pour vivre? Quoi! je serais dans la richesse, et il mourrait de faim! Oh! non.

M. DE MELFORT. Excellent enfant! et qui est ton père?

JONAS. Un vieux paysan aveugle, que je nourrissais avec mon violon. Il est vrai qu'il ne mange, comme moi, qu'un morceau de pain avec du lait cru. Mais le bon Dieu nous en donne toujours assez pour la journée, et nous ne nous mettons pas en peine du lendemain : il y pourvoit aussi.

M. DE MELFORT. Eh bien! je veux prendre soin de ton père; et, s'il y consent, je le ferai entrer dans une maison de charité où l'on a une attention extrême pour les vieillards et pour les infirmes. Tu pourras l'y aller voir quand tu voudras.

Jonas pousse un cri de joie, et court tout autour de la chambre, comme hors de lui-même.

JONAS. O Dieu! mon pauvre père! Non, cela va le faire

mourir de plaisir. Je ne puis rester plus longtemps;
il faut que je l'aille chercher et que je vous l'amène
ici.

*Il court vers la porte. Sophie et Saint-Firmin prennent la main
de M. de Melfort, et s'essuient les yeux.*

SCÈNE XIII.

**M. DE MELFORT, SOPHIE, AGATHE, CHARLOTTE,
SAINT-FIRMIN.**

M. DE MELFORT. O mes chers enfants! que ce jour aurait été heureux pour moi si, en admirant la générosité de nos sentiments, la pensée de l'indignité
de mon fils ne venait empoisonner mon bonheur! Mais où est Charles? Saint-Firmin, va
chercher mon fils, et amène-le moi tout de suite
ici.

Saint-Firmin sort.

SOPHIE. Il y a près d'une heure que nous ne l'avons
vu. Pendant que le petit garçon nous jouait un
menuet, il a disparu avec sa portion de gâteau.

SAINT-FIRMIN, *en rentrant.* On l'a vu entrer ici près
chez un confiseur. J'ai dit à Lafleur de l'aller chercher.

M. DE MELFORT. Mes enfants, passez dans mon cabinet; je veux savoir ce qu'il aura l'effronterie de
me répondre. Quand j'aurai besoin de témoins, je
vous appellerai.

CHARLOTTE et AGATHE. En ce cas, nous allons nous re-
tirer.

M. DE MELFORT. Non, mes enfants ; je vais envoyer dire à vos parents que vous passerez ici le reste de la soirée. Vraisemblablement le vieux Jonas et son digne fils seront nos convives. J'ai besoin de quelque baume pour la cruelle blessure que Charles a faite à mon cœur, et je n'en connais point de plus salutaire que l'entretien d'aimables enfants comme vous.

SOPHIE, *prêtant l'oreille.* Je crois entendre venir Charles.

M. de Melfort ouvre la porte de son cabinet ; les enfants s'y retirent.

SCÈNE XIV.

M. DE MELFORT, *seul.*

Il y a longtemps que je craignais cette affreuse découverte ; mais je ne l'aurais jamais soupçonné de pareilles horreurs. Il est peut-être encore temps de le guérir de ses vices. Hélas ! pourquoi faut-il employer des remèdes désespérés.

SCÈNE XV.

M. DE MELFORT, CHARLES.

CHARLES. Que me voulez-vous, mon papa?

M. DE MELFORT. D'où viens-tu? n'étais-tu pas dans la chambre?

CHARLES. Notre précepteur est sorti ; Saint-Firmin était descendu. Après avoir travaillé toute l'après-midi, je me suis ennuyé d'être seul.

M. DE MELFORT. Que n'es-tu allé joindre, comme Saint-Firmin, la petite société que j'ai trouvée chez ta sœur ?

CHARLES. C'est ce que j'ai fait aussi ; mais ces demoi-selles se sont si mal comportées envers moi...

M. DE MELFORT. Comment donc ? tu m'étonnes.

CHARLES. D'abord elles ont pris du thé, mais sans vou-loir m'en donner une goutte ; elles m'ont fait au contraire toutes sortes de malices. Saint-Firmin a ramassé dans la rue un petit mendiant pour leur jouer du violon. Il lui a donné du gâteau qu'on leur avait servi ; à moi, pas un morceau. On s'est amusé ; aucune de ces demoiselles n'a voulu jouer avec moi. Qu'aurais-je fait ici ? je suis des-cendu sur la porte pour voir passer le monde.

M. DE MELFORT. Sur la porte seulement ? Que s'est-il donc passé au coin de la rue entre le petit musi-cien et toi ? Certaines gens m'ont dit que tu l'avais battu, que tu avais brisé son violon, et qu'il s'en était allé en pleurant.

CHARLES. Cela est vrai, mon papa ; et si je n'avais pas eu le cœur aussi bon, j'aurais appelé la garde pour le faire mettre au cachot. Ecoutez-moi un peu. Lorsque je l'ai vu sortir d'ici, je me suis dit : Il faut que tu donnes aussi quelque chose à ce petit malheureux pour sa peine ; car je sais que Saint-Firmin n'a rien à lui, et qu'un mendiant n'est pas bien payé avec un morceau de gâteau. J'ai pris

dans ma bourse quelque monnaie que je lui ai
donnée, et il a tiré un mouchoir pour l'y mettre.
Je m'aperçois que c'est un mouchoir de ma sœur;
voyez la marque. Je l'ai prié de me le rendre de
bonne grâce : il ne l'a pas voulu. Je l'ai pris au
collet; nous avons lutté ensemble, et par hasard
j'ai mis le pied sur son violon.

M. DE MELFORT, *avec colère.* Cessez, lâche menteur, je ne
peux plus vous écouter.

CHARLES *s'approche et veut lui prendre la main.* Mais,
mon cher papa, pourquoi êtes-vous fâché?

M. DE MELFORT. Fuis, méchant, ôte-toi de mes yeux, tu
me fais horreur.

Il fait sortir les enfants du cabinet.

SCÈNE XVI.

**M. DE MELFORT, SOPHIE, AGATHE, CHARLOTTE,
CHARLES, SAINT-FIRMIN.**

M. DE MELFORT. Venez, mes enfants, je ne veux plus
voir que ceux qui méritent mon amour. Et toi,
sors pour jamais de ma présence! Mais non, demeure; il faut que tu reçoives auparavant ton ar-
rêt. (*A Sophie et à Saint-Firmin.*) Vous avez entendu ses accusations contre vous?

SOPHIE. Oui, mon papa; et si cela n'était pas nécessaire pour notre justification, je ne dirais pas un
mot contre lui, de peur d'augmenter votre colère.

CHARLES. Ne croyez rien de ce qu'elle va vous dire.

M. DE MELFORT. Tais-toi; j'ai déjà la preuve que tu es un détestable menteur. Le mensonge conduit au vol et au meurtre. Tu as déjà commis le premier crime; il ne te manque peut-être que des forces pour commettre le second. Parle, ma fille.

SOPHIE. Premièrement, il ne s'est occupé de rien cette après-midi : c'est Saint-Firmin qui lui a fait sa version.

M. DE MELFORT. Cela est-il vrai?

SAINT-FIRMIN. Je ne puis en disconvenir.

SOPHIE. Ensuite il a jeté une tasse de thé sur la robe d'Agathe; et tandis que nous étions occupées à l'essuyer, il est resté à table et a vidé toute la théière; il ne nous en est pas resté une goutte. En voici des témoins (*montrant les demoiselles de Saint-Félix.*) A l'égard du gâteau...

M. DE MELFORT. C'en est assez; toutes tes méchancetés sont découvertes : monte dans la chambre pour aujourd'hui; dès demain au matin je te chasse de la maison. Je te laisserai le temps de te corriger avant que tu y rentres; et, si cela ne réussit pas, il ne manque pas de cachots où l'on renferme les scélérats qui troublent la société par leurs crimes. Saint-Firmin, dis à Lafleur de le garder à vue dans sa chambre : tu recommanderas en même temps qu'on m'envoie le précepteur aussitôt qu'il sera de retour.

SOPHIE et SAINT-FIRMIN. *Intercédant pour lui.* Mon cher papa, mon cher oncle...

M. DE MELFORT. Je ne veux rien entendre en sa faveur. Celui qui est capable d'arracher au pauvre le salaire qu'il a gagné, de lui briser l'instrument de ses travaux, et de chercher à se justifier de ses atrocités par le mensonge et par la calomnie, doit être retranché de la société des hommes.

UN BON CŒUR FAIT PARDONNER BIEN DES CHOSES.

PERSONNAGES.

M. DE VALCOURT.   DOROTHÉE, sa nièce.
RODOLPHE, son fils.   UN DOMESTIQUE.
MARIANNE, sa fille.   PÉTREL, ancien cocher.
FRÉDÉRIC, son neveu.

La scène est dans un appartement du château.

SCÈNE PREMIÈRE.

M. DE VALCOURT, seul.

Voilà ce que l'on gagne à se charger des enfants d'autrui! Ce Frédéric, comme je l'aimais! Il m'était, je crois, plus cher que mon propre fils; et le vaurien me joue de ces tours! Comment a-t-il pu changer à ce point de ce qu'il annonçait dans l'enfance? C'était une bonté de cœur, un feu, une gaîté! le courage d'un lion et la candeur d'un agneau! On ne pouvait se défendre de l'aimer. Ah! qu'il ne reparaisse plus devant mes yeux, je ne veux plus entendre parler de lui.

SCÈNE II.

M. DE VALCOURT, DOROTHÉE.

DOROTHÉE. Vous m'avez fait appeler, mon oncle? me
voici pour recevoir vos ordres.

M. DE VALCOURT. J'ai de jolies nouvelles à te donner
de ton mauvais frère.

DOROTHÉE, *en pâlissant.* De Frédéric?

M. DE VALCOURT. Tiens, lis cette lettre de Rodolphe,
ou plutôt je vais te la lire moi-même.

Il lit.

« MON CHER PAPA,

» J'ai bien du chagrin de n'avoir que des choses si
» désagréables à vous annoncer : mais il vaut encore
» mieux que vous l'appreniez de moi que d'un autre.
» Notre cher Frédéric... »

Oh! oui, il mérite bien à présent ce nom d'amitié!

« Notre cher Frédéric mène une mauvaise conduite.
» Il y a quelques jours qu'il a vendu sa montre, et, ce
» qui est encore pis, la plupart de ses livres de classe
» et de prières. Je vais vous dire comment je l'ai su.
» Un vieux bouquiniste, qui nous apporte au collège
» des livres de rencontre, vint l'autre jour m'offrir un
» *Exercice du Chrétien.* Comme j'ai usé le mien à force
» de le lire, je ne demandais pas mieux que d'en ache-
» ter un autre. Il me le présente. Je le reconnais aus-
» sitôt pour celui de Frédéric; et d'autant mieux que
» son nom était griffonné sur le titre. Je l'achetai six

» sous ; mais je n'en dis rien, pour que cela ne lui fît
» pas de tort parmi nos camarades. Je me contentai
» de le porter au préfet, qui fit venir le bouquiniste,
» et lui demanda de qui il tenait ce livre. Le bouqui-
» niste avoua qu'il l'avait acheté de mon cousin. Fré-
» déric ne put le nier, et il dit qu'il l'avait vendu parce
» qu'il avait besoin d'argent, et qu'en attendant qu'il
» pût en acheter un autre, il avait emprunté celui d'un
» de ses amis qui en avait deux. Le préfet voulut sa-
» voir ce qu'il avait fait de cet argent. Frédéric le lui
» déclara: mais je le soupçonne de n'avoir fait qu'un
» mensonge. Ha ! ha! dis-je en moi-même, il faut sa-
» voir s'il ne s'est pas aussi défait de quelques-unes
» de ses nippes. Je pensai d'abord à la montre que vous
» lui avez donnée pour ses étrennes, afin qu'il sût un
» peu le compte de son temps, dont il ne s'occupait
» guère, comme vous devez vous en souvenir. Je le
» priai de me dire l'heure qu'il était. Il fut embarrassé,
» et il me répondit que sa montre était chez l'horlo-
» ger. J'y allai sur-le-champ pour m'éclaircir. Il n'y
» avait pas un mot de vrai. Je lui fis des représenta-
» tions en bon cousin. Il me répliqua que cela ne me
» regardait point, et que sa montre était beaucoup
» mieux là où il l'avait mise que dans son gousset,
» qu'il n'avait plus besoin de savoir l'heure pour ce
» qu'il avait à faire. Qui sait encore ce qu'il aura fait
» de pis? car on ne peut pas tout deviner. »

Eh bien ! que dis-tu de cela, Dorothée?

DOROTHÉE. Mon cher oncle, je vous avoue que je suis
aussi mécontente que vous de mon frère. Cependant...

M. DE VALCOURT. Un peu do patience. Ce n'est pas
tout. Voici le plus beau de l'histoire.

Il lit.

« Ecoutez un peu ce qu'il a fait depuis. Avant-hier,
» après midi, il sortait sans permission, et le soir il
» n'était pas encore de retour. On sonne le souper, il
» ne se trouve point au réfectoire. Enfin il passe toute
» la nuit dehors, et il ne rentra que le lendemain au
» matin. Vous pouvez imaginer comment il fut reçu.
» On lui demanda où il était allé. Il avait forgé d'a-
» vance toutes ces menteries. Mais quand même tout
» ce qu'il a dit serai vrai... Au reste, il doit paraître ce
» soir à l'assemblée générale des maîtres du collège,
» et, si on lui fait justice, il sera chassé honteusement,
» ou tout au moins renvoyé. Ce qui m'afflige le plus,
» c'est son ingratitude pour vos bontés, la honte dont
» il nous couvre, et le train de vie qu'il prend. Je ne
» puis me persuader qu'il n'ait pas menti en disant
» l'endroit où il a passé la nuit. »

Et pourquoi ne l'ajoutes-tu pas?

« Mais je veux bien qu'il ait dit la vérité. Ce serait
» peut-être pis, et il n'en serait que plus digne de vo-
» tre colère. Il menace maintenant de s'échapper pour
» se rendre chez vous. »

M. DE VALCOURT. Oui, oui, qu'il y vienne! qu'il mette
seulement le pied sur le seuil de ma porte, il verra
ce qui lui arrivera. Qu'il retourne là où il passe
les nuits. Dorothée, c'est à toi que je parle; ne
t'avise pas de me dire un mot en sa faveur. On
peut le mettre en prison, le renvoyer, le chasser

ignominieusement, tout cela m'est égal; je ne
m'informe plus de lui. Il n'a qu'à se rendre dans
un port de mer, se faire mousse, et s'embarquer
pour les Grandes-Indes. Je l'ai regardé longtemps
comme mon fils...

DOROTHÉE. Oui, mon cher oncle, vous nous avez tenu
lieu de père, et nos parents mêmes n'auraient pas
eu plus de soins et de bontés pour nous.

M. DE VALCOURT. Je l'ai fait avec plaisir, et je n'en ai
aucun mérite; feu votre mère, pendant mes voya-
ges, en a fait autant pour mes enfants. Ainsi c'é-
tait pour moi un devoir sacré. Je ne m'en étais
jamais repenti jusqu'à ce jour; mais...

DOROTHÉE. Ah ! si mon frère a pu s'oublier un moment,
ce n'est que par la fougue de son caractère. Vous
l'avez eu longtemps sous vos yeux. Lorsqu'il avait
commis une faute, son repentir et le regret de
vous avoir offensé étaient plus grands que son offense.

M. DE VALCOURT. Et aussi combien lui ai-je pardonné
d'étourderies! Lorsqu'il s'est brûlé les sourcils et
les cheveux avec ses pétards; lorsqu'il a cassé, par
la fenêtre, un grand miroir chez notre voisin ; lorsqu'il s'est laissé tomber dans un bourbier avec un
habit tout neuf; lorsqu'il a conduit ma plus belle
voiture dans les fossés du château, ne lui ai-je
pas fait grâce de tout cela? J'attribuais ces belles équipées à une pétulance qui n'annonçait
pas encore de mauvais naturel; mais vendre sa
montre et ses livres, passer la nuit hors de sa mai-

sion, se révolter contre ses maîtres, avoir encore
le front de penser à rentrer chez moi !

DOROTHÉE. Mon cher oncle, ayez d'abord la bonté d'entendre ce qu'il peut dire pour sa justification.

M. DE VALCOURT. L'entendre ! Dieu me préserve seulement de le voir ! Je vais donner des ordres dans
le village pour qu'on le reçoive à grands coups de
fourche, s'il ose s'y présenter.

DOROTHÉE. Non, vous ne pourrez jamais prendre cette
dureté sur votre cœur; vous ne rejetterez point
les prières d'une nièce qui vous chérit et vous
honore comme son père.

M. DE VALCOURT. Tu vas voir si cela me sera difficile.

DOROTHÉE. Vous voudrez donc me laisser croire que
vous n'aimez plus la mémoire de votre sœur, que
vous ne m'aimez plus moi-même ?

M. DE VALCOURT. Toi, je n'ai rien à te reprocher. Aussi
les fautes de ton frère ne changeront rien de mes
sentiments à ton égard. Mais, si tu m'aimes, ne
me tourmente plus de tes supplications. Ne songe
qu'à vivre heureuse de mon amitié.

DOROTHÉE. Comment pourrai-je vivre heureuse en
voyant mon frère dans votre disgrâce?

M. DE VALCOURT. Il l'a trop bien méritée ! Pourquoi ne
pas dire ce qu'il a fait de l'argent, et où il est allé
courir?

DOROTHÉE. Il paraît, par la lettre même, qu'il en a fait
l'aveu. C'est Rodolphe qui ne veut pas y croire.
(*Elle baise, en pleurant, les mains de M. de Valcourt.*)
Ah ! mon cher oncle !

M. DE VALCOURT, *un peu attendri.* Eh bien ! je veux en-

core faire un effort pour toi. J'attendrai la lettre
du préfet.

SCÈNE III.

M. DE VALCOURT, DOROTHÉE, UN DOMESTIQUE.

M. DE VALCOURT. Que me veux-tu?

LE DOMESTIQUE. C'est un messager qui demande à vous
parler.

M. DE VALCOURT. Qu'est-ce qu'il m'apporte?

LE DOMESTIQUE. Une lettre du collége.

Le domestique lui remet la lettre.

M. DE VALCOURT, *regardant la lettre.* Bon! voici ce que
j'attendais. C'est du préfet; je reconnais sa main.
Où est le messager? qu'il attende ma réponse.

LE DOMESTIQUE. Voulez-vous que je le fasse monter?

M. DE VALCOURT. Non, je descends. Je veux m'instruire
de sa bouche.

*Il sort. Dorothée veut le suivre. Le domestique lui fait signe de
rester.*

SCÈNE IV.

DOROTHÉE, LE DOMESTIQUE.

LE DOMESTIQUE. Écoutez, écoutez, mam'selle Dorothée.

DOROTHÉE. Qu'avez-vous à me dire?

LE DOMESTIQUE. Monsieur votre frère est ici.

DOROTHÉE. Mon frère?

LE DOMESTIQUE. S'il n'est pas encore arrivé, il n'est pas
bien loin.

DOROTHÉE. De qui le savez-vous?

LE DOMESTIQUE. Du messager qui l'a rencontré sur la
route. Ah! mam'zelle, qu'a donc fait M. Frédéric?

DOROTHÉE. Rien qui soit indigne de lui. Ne l'en croyez
pas capable.

LE DOMESTIQUE. Oh! c'est aussi ce que je pensais! Dieu
sait que nous l'aimions tous, et que nous aurions
tous donné pour lui jusqu'à notre vie. Il nous ré-
compensait du moindre service que nous pouvions
lui rendre. Il faisait notre paix avec votre oncle
lorsqu'il était en colère contre nous. Il était le
protecteur de tous les malheureux du village.
Comment donc son préfet a-t-il pu se fâcher contre
lui? Ah! je le vois, on aura voulu le punir pour
quelque gentille espièglerie, et lui, qui est un
brave jeune seigneur, ne se laisse pas traiter ca-
valièrement.

DOROTHÉE. Où le messager l'a-t-il trouvé?

LE DOMESTIQUE. Prés du second village. Il dormait entre des saules sur le bord d'un ruisseau.

DOROTHÉE. Mon pauvre frère!

LE DOMESTIQUE. Le messager a attendu qu'il se réveil-
lât. Vous devez penser combien M. Frédéric a été
surpris en le voyant. Il s'est imaginé que cet
homme avait été mis à ses trousses pour le rame-

ner, et il lui a dit qu'il se ferait mettre en pièces
plutôt que de le suivre.

DOROTHÉE. Je le reconnais bien à ce ton ferme et résolu.

LE DOMESTIQUE. Le messager lui a protesté qu'il avait
tant d'amitié pour lui, que, dût-il en recevoir des
reproches, dût-il même en perdre son emploi, il ne
voudrait pas le chagriner. Il lui a dit le sujet de
son message, et lui a rapporté les propos qu'on
tenait sur son compte.

DOROTHÉE. Et quel parti mon frère a-t-il pris?

LE DOMESTIQUE. Quoiqu'il fût harassé de fatigue, il s'est
mis en marche avec le messager, et ils ont fait
route ensemble jusqu'à la lisière du bois. M. Frédéric s'y est jeté pour aller se cacher dans l'er-
mitage : il y attendra le retour du messager, pour
savoir comment votre oncle aura pris les choses.

DOROTHÉE. Oh! si je pouvais lui parler?

LE DOMESTIQUE. Il y a apparence qu'il le désire autant
que vous.

DOROTHÉE. Mon oncle tourne souvent de ce côté sa
promenade. S'il allait le rencontrer dans son premier feu! O mon ami! courez lui dire qu'il aille
se tapir dans la grange, derrière les bottes de
foin. J'irai le trouver aussitôt que mon oncle sera
sorti.

LE DOMESTIQUE. Soyez tranquille, mam'selle. Je vais l'y
conduire moi-même, et l'aider à se cacher.

Il sort.

SCÈNE V.

DOROTHÉE, *seule.*

Que de chagrins il me cause sans cesse! et je ne puis m'empêcher de l'aimer.

SCÈNE VI.

MARIANNE, DOROTHÉE.

DOROTHÉE. Ah! ma chère cousine, que j'avais d'impatience de t'entretenir! Hélas! je n'ai cependant que de bien mauvaises nouvelles à t'apprendre.

MARIANNE. Je les sais toutes. Mon papa vient de me donner à lire la lettre de mon frère. Celle du préfet a redoublé sa colère contre Frédéric.

DOROTHÉE. Je ne sais par où m'y prendre pour le justifier.

MARIANNE. Je parierais qu'il est innocent. Tu connais cet hypocrite de Rodolphe? il fait toutes les fautes, et sait les mettre adroitement sur le compte d'autrui. Ce n'est pas d'aujourd'hui qu'il cherche à perdre ton frère dans l'esprit de mon papa. Vingt fois, par des accusations secrètes, il l'a fait chasser de la maison; et puis, lorsque les choses se sont éclaircies, il s'est trouvé qu'il n'y avait que lui seul de coupable. Je vois par sa lettre même qu'il est un traître, et que Frédéric est tout au plus un étourdi.

DOROTHÉE. Quelle douce consolation me donne ton amitié! Oui ! mon frère est né bon, franc, cordial, généreux, sans défiance ; mais il est pétulant, audacieux, inconsidéré. Il est opiniâtre dans ses idées, et ne ménage pas assez ceux qui ne le traitent pas à sa fantaisie.

MARIANNE. Et Rodolphe est envieux, dissimulé, hypocrite et flatteur. C'est un chat qui fait d'abord patte de velours, et qui donne ensuite son coup de griffe au moment où vous comptez le plus sur son amitié. Que je donnerais mon frère, avec toutes ses fausses vertus, pour le tien, chargé de tous ses défauts! Le pis est que Frédéric ne soit pas ici.

DOROTHÉE. Et s'il y était !

MARIANNE. Oh! où est-il donc? J'y cours : je meurs d'envie de le voir.

DOROTHÉE. Chut ! Je crois entendre mon oncle qui gronde.

MARIANNE. Tu es la sœur de Frédéric, il est juste que tu le voies la première. Je vais rester ici avec mon papa pour chercher à l'adoucir. Toi, cours auprès du pauvre fugitif, et porte-lui quelques paroles d'espérance et de consolation.

DOROTHÉE. Oui, et une bonne mercuriale aussi, je t'assure; car il la mérite de toutes façons.

Elle sort.

SCÈNE VII.

M DE VALCOURT, MARIANNE.

M. DE VALCOURT. Je suis si en colère contre ce drôle, que je n'ai pas été en état d'écrire pour renvoyer le messager. Il peut aussi bien ne partir que demain au matin. Tâchons de me remettre un peu.

MARIANNE. Quoi! mon papa, vous êtes toujours fâché contre mon pauvre cousin? est-ce donc un si grand crime qu'il a commis?

M. DE VALCOURT. Il te sied bien vraiment de l'excuser! je vois que tu n'as pas une meilleure tête que lui, et que tu aurais peut-être fait pis à sa place. Vous avez cependant l'un et l'autre un bon exemple sous les yeux.

MARIANNE. Et qui donc?

M. DE VALCOURT. Mon brave Rodolphe!

MARIANNE. Ah! oui! mon frère est un garçon bien vrai, bien généreux! C'est un digne modèle.

M. DE VALCOURT. Je sais que Dorothée et toi vous lui en avez toujours voulu. Moi-même, d'après votre façon de penser, j'avais pris des préventions contre lui. Mais le préfet m'en rend aujourd'hui de si bons témoignages...

MARIANNE. Eh! mon Dieu! ses précepteurs ne vous accablaient-ils pas ici de ses louanges? On sait qu'il est né d'un homme riche, et on espère toujours attraper des présents d'un père en le flattant sur son fils.

M. DE VALCOURT. Je veux bien qu'on m'ait un peu flatté sur son compte ; mais au moins ne m'a-t-il pas joué un seul tour comme Frédéric m'en a joué mille depuis son enfance.

MARIANNE. Ses tours ne portaient préjudice à personne : ils ne faisaient tort qu'à lui-même.

M. DE VALCOURT. Tu me mettrais en fureur. Il ne s'est fait tort qu'à lui-même, n'est-ce pas, en précipitant dans les fossés ma plus belle voiture? une voiture dorée toute neuve, qui venait de me coûter six mille francs.

MARIANNE. Ce n'est qu'un trait d'étourderie, bien excusable à son âge. Pétrel essayait cette voiture : Frédéric le tourmenta si fort pour monter sur le siége, qu'il le prit avec lui. Lorsqu'ils eurent fait quelques pas, le fouet tombe, Pétrel descend pour le ramasser; les chevaux sentent leurs rênes dans une main plus faible, ils s'emportent. Heureusement l'avant-train se détache, et il n'y a que la voiture qui en ait souffert.

M. DE VALCOURT. Ce n'est pas assez, peut-être? Et qui, dans cette aventure, est plus à plaindre que moi?

MARIANNE. Frédéric, qui a eu la tête toute fracassée, et surtout le pauvre Pétrel, qui a perdu son service.

M. DE VALCOURT. Ah! je ne puis y penser sans frémir encore de colère ! Cette belle équipée m'a coûté plus de cent louis.

MARIANNE. Et combien de regrets elle a coûtés au bon
Frédéric ! Il ne se consolera jamais d'avoir été
cause de la disgrâce du malheureux Pétrel.

M. DE VALCOURT. Deux bons vauriens à mettre ensemble ! J'admire toujours que tu choisisses les plus
mauvais garnements pour plaider leur cause. C'est
dommage, en vérité, que tu ne sois pas née garçon, pour être camarade de ton cousin. Vous
auriez fait, je crois, tous deux de belles manœu-
vres.

MARIANNE. Mais au moins...

M. DE VALCOURT. Tais-toi... Tu m'importunes de tes
sornettes. Je veux sortir pour aller prendre le
frais. Va chercher Dorothée, et vous viendrez me
trouver.

Il sort, et laisse son chapeau.

SCÈNE VIII.

MARIANNE, *seule.*

J'aurai bien de la peine encore à le faire revenir. Ne
désespérons de rien cependant. Il n'est méchant
que dans ses paroles.

SCÈNE IX.

MARIANNE, DOROTHÉE.

DOROTHÉE, *présentant son nez à la porte entr'ouverte.*
Pst !

MARIANNE. Eh bien?

DOROTHÉE. Mon oncle est-il dehors?

MARIANNE. Il vient de sortir. Et Frédéric?

DOROTHÉE. Il nous attend sur l'escalier dérobé.

MARIANNE. Il n'y a qu'à le faire monter dans notre appartement.

DOROTHÉE. Il faut bien s'en garder..... Justine y est.

MARIANNE. Que ne le faisons-nous entrer ici? Personne
n'y vient lorsque mon papa est dehors.

DOROTHÉE. Tu as raison. Il nous sera aussi plus facile
de le faire esquiver au besoin. Attends, je vais le
faire monter.

SCÈNE X.

MARIANNE, *seule*.

Que je suis curieuse de l'entendre raconter son histoire! J'aurai aussi bien du plaisir de le voir. Il y
a plus d'un an qu'il nous a quittés. Ah! je l'entends!

Elle va jusqu'à la porte à sa rencontre.

SCÈNE XI.

MARIANNE, DOROTHÉE, FRÉDÉRIC.

MARIANNE, *l'embrassant*. Ah! mon cher cousin!

DOROTHÉE. Il mérite bien ces caresses pour les chagrins qu'il nous cause!

MARIANNE, *lui tendant la main.* Je le vois, tout est oublié.

FRÉDÉRIC. Ma chère cousine! je te trouve donc toujours la même? Tu n'as jamais été si sévère pour moi que ma sœur

DOROTHÉE. Si je l'étais autant que notre oncle, va...

FRÉDÉRIC. Avant toutes choses, que dit-il? Est-il donc vrai qu'il soit si fort en colère contre moi?

DOROTHÉE. S'il savait que nous te cachons ici, nous n'aurions rien de mieux à faire que de vider la maison et de courir les champs.

MARIANNE. Oh! oui: garde-toi bien de te présenter sitôt à ses yeux; il serait homme à te fouler peut-être sous ses pieds dans sa première fureur.

FRÉDÉRIC. Que peut donc lui avoir écrit le préfet?

DOROTHÉE. Un beau panégyrique sur tes fredaines.

MARIANNE. Mon frère en avait déjà touché quelque chose par la poste d'hier.

FRÉDÉRIC. Quoi! Rodolphe a écrit? Je n'ai donc plus besoin de justification. Il sait aussi bien que moi comment les choses se sont passées. Je lui ai tout confié.

MARIANNE. Il n'y aurait qu'à te juger sur sa lettre!

FRÉDÉRIC. Je veux être un misérable si je ne suis pas innocent.

DOROTHÉE. Ce n'est rien dire. Il faut bien être l'un ou l'autre.

FRÉDÉRIC. Et vous avez pu me croire coupable! Quel est donc mon crime? d'avoir vendu ma montre?

DOROTHÉE. N'est-ce rien, cela? et qui sait encore si les chemises, les habits...

FRÉDÉRIC. Il est vrai. J'aurais tout vendu, si j'avais eu besoin de plus d'argent.

DOROTHÉE. Voilà une belle manière de te défendre ! Et passer les nuits hors de ta pension !

FRÉDÉRIC. Une nuit, ma sœur.

DOROTHÉE. Et te révolter contre un juste châtiment !

FRÉDÉRIC. Dis contre un outrage que je n'avais pas mérité. Quand je m'y serais soumis, j'aurais toujours conservé dans l'esprit de mon oncle la tache d'une faute. Et si l'on m'avait chassé, je n'aurais jamais reparu devant vous.

MARIANNE. Mais, mon ami, que peux-tu dire pour ta défense ? Il faut bien que nous en soyons instruites, pour te blanchir aux yeux de mon papa.

FRÉDÉRIC. Le voici. Il y a quelques jours qu'on nous parla d'une foire dans le prochain village. Le préfet nous donna la permission d'y aller pour nous divertir, et pour voir les curiosités qu'on y montre.

DOROTHÉE. Ah! c'est donc en oranges et en pralines que tu as mangé ta montre et ton *Exercice du Chrétien*? ou bien à voir les singes et les marmottes?

FRÉDÉRIC. Il faut que ma sœur ait bien du goût pour toutes ces choses, pour croire qu'on puisse y dépenser son argent. Non, ce n'est pas cela. J'avais soif, et j'entrai dans une auberge où l'on vendait de la bière.

DOROTHÉE. Mais c'est encore pis.

FRÉDÉRIC. En vérité, ma sœur, tu es bien cruelle. Laisse-moi donc achever. Tandis que j'étais assis..

3

MARIANNE, *prêtant l'oreille vers la porte.* Nous sommes
  perdus! Mon papa! Je l'entends.

DOROTHÉE. Sauve-toi! Sauve-toi!

FRÉDÉRIC. Non, je veux attendre mon oncle pour me
  jeter à ses pieds.

MARIANNE. Eh! non, mon ami : il n'est pas en état de
  t'entendre. Par pitié pour moi !

FRÉDÉRIC. Tu le veux?

MARIANNE. Oui, oui; laisse-moi gouverner les affaires.

*Elle le pousse par les épaules vers la porte de l'escalier dérobé, la
  ferme sur lui et revient.*

SCÈNE XII.

M. DE VALCOURT, MARIANNE, DOROTHÉE.

MARIANNE. Eh bien! mon papa, vous voilà déjà de retour de votre promenade ?

M. DE VALCOURT. Je cherche mon maudit chapeau; je ne
  sais où je l'ai laissé.

DOROTHÉE, *cherchant des yeux.* Tenez, tenez, le voici.

Elle le lui présente.

M. DE VALCOURT. Tu ne pouvais pas avoir l'avisement
  de me le porter?

DOROTHÉE. Il faut que je sois aveugle pour ne l'avoir
  pas vu.

MARIANNE. Qui peut penser à tout?

M. DE VALCOURT. Effectivement, il y a tant de choses
  qui t'occupent!

MARIANNE. C'est que le pauvre Frédéric m'est revenu

dans la tête.

M. DE VALCOURT. N'entendrai-je jamais que ce nom siffler à mes oreilles?

MARIANNE. Eh bien! mon papa, n'en parlons plus. Ne voudriez-vous pas aller continuer votre promenade avant le serein?

M. DE VALCOURT. Non, je ne veux plus sortir. (*Marianne et Dorothée se regardent en branlant la tête d'un air mécontent.*) Il est trop tard. Aussi bien on vient de me dire que mon ancien cocher est en bas, et qu'il veut me parler.

MARIANNE et DOROTHÉE. Pétrel?

M. DE VALCOURT. Quelque dommage qu'il m'ait causé, le mal est fait, et il en a été assez puni. Je veux savoir ce qu'il a à me dire.

MARIANNE. Il pourrait bien attendre que vous fussiez revenu de votre promenade.

M. DE VALCOURT. Non, non; j'en serai plus tôt débarrassé. Dans le fond... (*Marianne et Dorothée se parlent en secret. A Marianne.*) Lorsque votre père (*à Dorothée*) lorque votre oncle vous parle, il me semble que vous devriez l'écouter. Dans le fond... (*Dorothée veut s'esquiver.*) Où allez-vous, Dorothée?

DOROTHÉE, *embarrassée*. C'est que j'ai besoin de descendre.

M. DE VALCOURT. Eh bien! dites à Pétrel de monter.

        Dorothée sort.

SCÈNE XIII.

M. DE VALCOURT, MARIANNE.

M. DE VALCOURT. Dans le fond, ce pauvre homme m'a fait pitié. Je n'ai jamais eu si bon cocher. On aurait pu se mirer sur le poil de ses chevaux, et il n'allait pas boire leur avoine au cabaret.

MARIANNE. Ah! si vous l'aviez gardé, vous auriez épargné bien des chargrins au pauvre Frédéric.

M. DE VALCOURT. Ne m'en parle plus. C'est lui qui est cause que j'ai renvoyé Pétrel, et que je me trouve à présent sans cocher; car celui-là m'a dégoûté de tous les autres. Je ne trouverai jamais à le remplacer.

SCÈNE XIV.

M. DE VALCOURT, MARIANNE, DOROTHÉE, PÉTREL.

DOROTHÉE. Mon cher oncle, voici Pétrel.

PÉTREL. Je vous demande pardon, Monsieur; mais je ne puis croire que vous soyez toujours en colère contre moi. Ne trouvez pas mauvais que j'aie pris la liberté de paraître devant vous en traversant le village, pour vous prier de me donner un bon certificat.

M. DE VALCOURT. Est-ce que je ne t'en ai pas donné?

PÉTREL. Je n'en ai pas eu d'autre que : « Tiens, voilà
» ton argent; sors à l'instant du château, et ne te
» présente jamais à mes yeux. » Vous ne me lais-
sâtes pas le temps de vous demander une attesta-
tion en forme plus gracieuse.

M. DE VALCOURT. C'est que tu ne méritais pas qu'on fît
plus de cérémonie. car il m'en a coûté ma plus
belle voiture.

PÉTREL. Que voulez-vous, Monsieur? Un cocher n'a de
tête qu'avec son fouet, et le mien m'avait échappé.
Je serai plus prudent à l'avenir.

M. DE VALCOURT. Allons, tout est oublié. Comment fais-
tu pour vivre?

PÉTREL. Ah! mon cher maître! depuis que je suis hors
de chez vous, je n'ai pas eu un bon moment.
Vous savez qu'en sortant d'ici j'entrai chez M. le
major de Braffort. Oh! quel homme! ii ne savait
parler que la canne levée. Que Dieu lui fasse
paix!

M. DE VALCOURT. Il est donc mort?

PÉTREL. Oui, au grand contentement de ses soldats. Il
ne me donnait jamais ses ordres qu'en jurant
comme un Turc. Pleine mesure d'avoine à ses chevaux, et force coups de bâton mais peu de pain à
ses gens.

MARIANNE. Ah! mon pauvre Pétrel, pourquoi demeu-
rais-tu à son service?

PÉTREL. Où serais-je allé? Ce qui me retenait encore,
c'est que ma femme trouvait de l'emploi dans la
maison, à blanchir et à raccommoder le linge. Elle
gagnait au moins à demi de quoi nourrir nos en-

fants. Tout le monde tremblait devant M. le major :
il n'y eut que la mort qui le fit trembler, et qui le
terrassa. Maintenant je n'ai plus de condition, et je
ne sais où donner de la tête.

M. DE VALCOURT. Mais tu sais que je ne laisse mourir
personne de faim, et encore moins un ancien domestique.

PÊTREL. Ah! je le pensais toujours! mais vos terribles
paroles : « Ne te présente jamais à mes yeux! »
elles résonnaient sans cesse comme un tonnerre à
mes oreilles. Dix des plus grosses menaces de
M. le major ne m'auraient pas fait tant de peur.

MARIANNE. Et tu n'as pas trouvé de maître depuis ce
temps?

PÊTREL. Oh! ma chère demoiselle, ce n'est pas ici
comme à Paris. Dans ce village et tous les envi-
rons, les gens sont si pauvres qu'ils ont plus besoin de leur avoine pour eux-mêmes que pour
leurs chevaux. Je me louais à la journée pour les
travaux des champs; ma femme tourmentait sa
quenouille, et mes enfants allaient demandant
l'aumône. Mais nous gagnions tous ensemble si
peu à cela, que nous étions hors d'état de payer,
à la fin de la semaine, le loyer d'un grabat dans
un recoin de grenier. Bientôt nous n'eûmes plus
que la terre sous nous et le ciel par-dessus. Ma
pauvre femme est morte de mal et de chagrin.

Il s'essuie les yeux.

M. DE VALCOURT. Tu l'as mérité. Que ne venais-tu chercher du secours auprès de moi?

MARIANNE, *à Dorothée.* Voilà mon papa qui se remontre. Bon augure pour Frédéric!

PÉTREL. Ah! Monsieur, quelle femme c'était! jamais on n'a su tenir un ménage comme elle. Lorsque je rentrais le soir sans avoir gagné un sou, et que je croyais être obligé de me coucher avec la faim, je trouvais qu'elle n'avait mangé que la moitié de son pain pour me porter l'autre. Quand j'écumais de rage comme un possédé, et que je voulais tout briser autour de moi, elle savait me rendre au bon Dieu et me refaire honnête homme. A présent elle est morte, et je ne peux la ressusciter. C'est de là que mon véritable malheur commence, et Dieu sait quand il finira.

DOROTHÉE. Ah! mon pauvre Pétrel!

PÉTREL. Il n'y avait plus à espérer de trouver de condition dans le pays. Je partis un beau soir. Je chargeai ma fille sur mes épaules et je pris mon garçon par la main. Nous marchâmes une grande partie de la nuit, et nous passâmes le reste à dormir dans la forêt. Le lendemain au matin, à la pointe du jour, nous étions à la porte d'un village. Par bonheur la foire s'y tenait ce jour-là. Je gagnai quelque argent à porter des paquets. Mais écoutez bien, Monsieur. Un ange, un ange du ciel, M. Frédéric...

M. DE VALCOURT. Un ange, Frédéric? ce garnement?

MARIANNE et DOROTHÉE, *se prenant par la main, et s'approchant de Pétrel d'un air de curiosité, s'écrient ensemble:* Frédéric? Frédéric?

PÉTREL. Oui, mon cher maître; maltraitez-moi si vous

voulez, mais non ce brave et généreux enfant.
J'aimerais mieux me voir foulé sous vos pieds.

DOROTHÉE. Oh! conte-nous, conte-nous, Pétrel!

PÉTREL. Ma petite Louison alla demander l'aumône à
la porte d'une auberge. M. Rodolphe et M. Frédéric y étaient assis à une table, avec une bouteille
de bière à leur côté.

M. DE VALCOURT. Ah! voilà de jolies inclinations! dans
un cabaret!

MARIANNE. Il était allé voir la foire. Votre Rodolphe y
était bien aussi.

PÉTREL. Il reconnut aussitôt ma fille, et se leva de table, malgré tout ce que son compagnon put lui
dire. Il fit avaler un verre de bière à la pauvre
Louison, la prit par la main, la conduisit dehors,
et se fit raconter, en peu de mots, notre misère.
Alors il lui ordonna de le mener où j'étais. Il me
trouva dans la rue voisine, puisant de l'eau dans
mon chapeau à une fontaine pour me rafraîchir de
la grande chaleur. Je crus que je deviendrais fou
de joie quand je le vis. Tout sale et tout déguenillé
que j'étais, je le pris dans mes bras devant tout le
monde, et on craignit que je ne l'étouffasse, tant
je le pressais contre mon cœur. Ah! je sentis qu'il
me serrait bien aussi de son côté. Enfin, comme
nous étions environnés d'une grande foule, il me
dit de le conduire dans un endroit où nous fussions
seuls, et je le menai dans une grange où j'avais
déjà retenu mon coucher.

MARIANNE. Ah! mon papa, je parierais...

M. DE VALCOURT. Silence! Eh bien! Pétrel?

PÉTREL. Je racontai tout ce que je vous ai dit. Le brave
enfant se mit à pleurer et à se désoler. Ce serait à
moi, s'écriait-il, de mendier pour vous ! je suis la
cause de votre malheur. Mais je ne dormirai pas
sans vous avoir secouru. Prends, prends, mon Pétrel, tout ce que j'ai sur moi, dit-il en fouillant
dans ses poches. — Je ne voulus pas le recevoir ;
il se fâcha. Je lui dis que c'était apparemment de
l'argent qu'on lui avait donné pour s'amuser, que
j'étais accoutumé à souffrir. Il serra les dents,
trépigna des pieds, et je pense qu'il m'aurait battu
si je n'avais pris sa bourse.

M. DE VALCOURT. Et combien y avait-il?

PÉTREL. Près de six francs. Il ne voulut garder qu'une
pièce de six sous. — Il ne sera pas dit, continua-t-
il, qu'un brave domestique de mon oncle, qui n'a
ni volé ni assassiné, soit obligé, dans ses vieux
jours, d'aller mendier avec ses enfants, et qu'il
n'ait pas un gîte assuré. Mettez-vous dans une petite chambre. Avant qu'il soit trois jours je reviens
à vous, et je vous porterai des secours, jusqu'à ce
que j'aie écrit à mon oncle. Nous l'avons tous deux
mis en colère contre nous ; mais il est trop bon
et trop généreux pour vous abandonner à votre
misère.

M. DE VALCOURT. Est-il bien vrai, Pétrel, qu'il ait dit
cela?

PÉTREL. Voulez-vous que j'en jure, mon maître?

MARIANNE. Va, va, nous t'en croyons assez. Achève
ton récit.

PÉTREL. Que fais-tu de tes enfants? me dit-il en ca-

ressaut Guillot. Ce que j'en fais? lui répondis-je;
ils courent les chemins, portant des fleurs et des
balais de plumes à vendre, et, quand personne n'en
veut acheter, demandent l'aumône.—Cela n'est pas
bien, reprit-il. Ils ne deviendraient, à ce métier,
que de mauvais sujets. Il faut que tu fasses apprendre un métier au petit garçon, et que tu places ta
fille chez d'honnêtes gens.

MARIANNE. Frédéric avait bien raison, mon papa.

PÉTREL. Oui, lui dis-je; mais comment aller présenter
des enfants avec ces haillons? Si j'avais seulement
une vingtaine d'écus, je trouverais bien à m'en
débarrasser. Il y a ici un tisserand qui occupe de ·
petites mains, et qui prendrait mon Guillot en apprentissage si je pouvais lui donner dix écus d'a-
vance. Une jardinière se chargerait aussi de
Louison, pour aller vendre des fleurs, si j'avais
de quoi lui donner un cotillon. Je pourrais alors
me présenter chez des gens riches pour avoir du
service, et je ne serais pas réduit à rôder comme
un fainéant.

M. DE VALCOURT. Et que te répondit Frédéric?

PÉTREL. Rien, Monsieur. Il s'en alla; mais deux jours
après il était déjà de retour. — Où est le tisserand
qui veut prendre ton fils en apprentissage? mène-
moi chez lui. — Je l'y conduisis, et il lui parla en
secret. — Et la jardinière qui se charge de Louison? mène-moi chez elle. — Je l'y conduisis aussi.
Il me laissa à la porte, alla parler à cette femme
dans son jardin, me reprit ensuite sans dire mot,
et nous sortîmes. A cent pas de là il s'arrête, et

me dit en me sautant au cou : Bon vieillard, sois
tranquille pour tes enfants. — Il m'ordonna ensuite d'aller chez un fripier, dont il me montra de
loin la boutique. Il lui avait déjà payé ce surtout
et cette redingote que vous me voyez..... N'ai-je
pas l'air d'un prince là-dessous?

MARIANNE. O mon brave cousin! le bon Frédéric!

M. DE VALCOURT *s'essuyant tantôt un œil, tantôt l'autre.*
Je vois maintenant où la montre s'en est allée.

PÉTREL. Ce n'est pas tout, Monsieur. Ne le surpris-je
pas à me glisser de l'argent dans la poche? Je
voulus absolument le lui rendre, en lui disant
qu'il n'avait déjà fait que trop de choses pour moi.
Mais si jamais je l'ai vu se mettre en colère, c'est
dans ce moment. Il m'assura que c'était vous,
Monsieur, qui le lui aviez envoyé pour me le donner. Comme je voulais courir ici pour me jeter à
vos pieds, il me dit que vous vouliez faire sem-
blant de n'en rien savoir. Ah! dis-je en moi-même,
ce M. de Valcourt est un si bon maître! peut-être
qu'il me reprendrait! Cependant je n'osais pas venir, puisque M. Frédéric me l'avait défendu.

M. DE VALCOURT. O mon Frédéric! mon cher Frédéric!
tu as donc toujours ce cœur noble et généreux
que je t'ai vu dès l'enfance!

DOROTHÉE. Et qui t'a enfin décidé à reparaître devant
mon oncle?

PÉTREL. Le voici. On n'a pas voulu recevoir mon
Guillot sans son extrait de baptême. Il fallait venir
le demander au curé. En entrant dans le village,
comme si M. Frédéric m'avait porté bonheur, j'ap-

pris que M. le comte de Vienné avait besoin d'un
cocher. J'allai me présenter à lui, et il me promit
de me prendre à son service, si je lui apportais un
bon certificat de mon dernier maître. Je ne pouvais pas aller dans l'autre ville en demander un
à M. le major; je me hasarde, en tremblant, à m'a-
dresser à vous. Peut-être refuserez-vous de me le
donner; mais j'aurai toujours gagné de vous faire
mes remerciments pour les secours que vous
avez bien voulu me faire passer par les mains de
M. Frédéric.

M. DE VALCOURT. Non, mon honnête Pétrel, tu ne les
dois qu'à lui seul. C'est lui qui s'est dépouillé pour
te couvrir. Mais il te doit aussi le retour de mon
amitié. De quel malheur tu le sauves! Oui, sans
toi, j'étais si en colère contre lui, que je l'aurais
banni pour jamais de ma présence.

PÉTREL. Que dites-vous, Monsieur? Ah! je serais
l'homme de la terre le plus heureux! il m'aurait
tiré de peine et je l'en aurais tiré à mon tour! Nous
nous aurions cette obligation l'un à l'autre!

M. DE VALCOURT. Ce maudit coquin de Rodolphe l'avait
presque chassé de mon cœur. Comment pouvais-
je m'en rapporter à ce fripon, qui m'en a si souvent imposé? Mais le préfet! le préfet!

MARIANNE. Eh! mon papa, c'est qu'il l'aura trompé
comme vous.

M. DE VALCOURT. Mais, mon Dieu! on m'écrit que Frédéric s'est échappé. Si le désespoir allait le prendre! s'il lui arrivait quelque malheur!

PÉTREL. Un cheval! un cheval! Je vous le ramenerai quand il serait au bout du monde.

Il veut courir.

DOROTHÉE, *le retenant.* Est-il bien vrai, mon cher oncle, que vous lui pardonneriez, que vous le presseriez encore contre votre cœur?

M. DE VALCOURT. Ah! quand il aurait vendu tous ses habits! quand il reviendrait nu comme la main!

Dorothée fait un signe à Marianne, et part comme un éclair.

MARIANNE. Et s'il était ici, mon papa?

M. DE VALCOURT. Ici? quelqu'un l'a-t-il vu? Où est-il? où est-il?

PÉTREL. Ah! s'il était ici! s'il était ici! j'irais donner de la tête là-haut contre le plancher.

MARIANNE. Eh bien! mon papa, le voyez-vous?

SCÈNE XV.

M. DE VALCOURT. FRÉDÉRIC, MARIANNE, DOROTHÉE, PÉTREL.

Frédéric se précipite aux pieds de son oncle. Pétrel se jette contre terre à son côté, passe un bras sous les genoux de M. de Valcourt et l'autre autour de Frédéric, leur baise les mains et les habits, et fait des éclats extravagants de joie. Marianne et Dorothée s'embrassent en pleurant.

FRÉDÉRIC. Ah! mon oncle! mon oncle! me pardonnez-vous?

M. DE VALCOURT, *d'une voix étouffée à force de le presser.*

Te pardonner! Ah! tu mérites que je t'aime mille fois plus qu'auparavant, que je ne me sépare jamais de toi.

FRÉDÉRIC. Oui, mon oncle, jamais, jamais. (*Il se retourne, se jette sur Pétrel, et se suspend d'un bras à son cou.*) Ah! si vous aviez vu la misère de ce pauvre homme et de ses enfants! si vous aviez été la cause de leur malheur!

PÉTREL. C'est moi! c'est moi! pourquoi vous laisser grimper sur mon siége et vous livrer à des chevaux fringants? Mais qui pouvait vous refuser quelque chose? Non, quand la voiture aurait dû me passer sur le corps. Tenez, monsieur Frédéric, ne me demandez plus rien d'injuste. Il faudrait vous l'accorder, mais j'irais de là me jeter dans la rivière.

M. DE VALCOURT. Que ne m'instruisais-tu de tout cela, au lieu de vendre ta montre, tes livres et peut-être tes habits? C'est toujours une imprudence à un enfant comme toi, qui ne connaît pas le prix des choses.

FRÉDÉRIC. Oui, cela est vrai. Mais chaque moment de plus que je laissais souffrir cette famille, il me semblait commettre un assassinat. Et puis, comme vous aviez chassé Pétrel dans votre colère, je craignais que vous ne me fissiez défense de le secourir, et que, par ma désobéissance à vos ordres exprès, je ne me rendisse plus coupable.

M. DE VALCOURT. Tu m'aurais donc alors désobéi?

FRÉDÉRIC. Oui, mon oncle; mais en cela seulement.

M. DE VALCOURT. Embrasse-moi, mon brave Frédéric... Cependant j'ai encore sur le cœur un article de la lettre qui dit que tu as découché une nuit. Où l'as-tu donc passée?

FRÉDÉRIC. C'était le jour que je portais l'argent à Pétrel. Le préfet n'était pas à la pension, et je savais que la porte serait fermée le soir à dix heures. Je croyais être de retour auparavant, et j'y aurais été si je ne me fusse égaré dans les ténèbres.

DOROTHÉE. Mon pauvre frère, où as-tu donc couché?

FRÉDÉRIC. Je trouvai une masure abandonnée, je m'y étendis sur une grande pierre, et jamais je n'ai si bien dormi. J'étais content d'avoir soulagé Pétrel!

MARIANNE. Ah! méchant Rodolphe! il s'est bien gardé de nous apprendre toutes ces choses : il les savait pourtant.

M. DE VALCOURT. Dès ce moment je lui retire ma tendresse, et toi seul...

FRÉDÉRIC. Non, mon oncle; je ne veux être heureux aux dépens de personne, et encore moins aux dépens de votre fils.

DOROTHÉE, *lui tendant la main.* O mon frère! combien je dois t'aimer!

M. DE VALCOURT. Eh bien! qu'il reste dans sa pension. Pour toi, tu ne me quitteras plus. Je veux toujours t'avoir auprès de mon cœur. Je te ferais plutôt venir des maîtres de toute espèce de deux cents lieues.

Frédéric lui baise la main.

PÉTREL, *lui baisant le pan de son habit.* Mon digne maître, vous êtes toujours le même!

M. DE VALCOURT, *lui frappant sur l'épaule.* Pétrel, as-tu pris des engagements avec M. de Vienné?

PÉTREL. Bon! je n'avais pas mon certificat.

M. DE VALCOURT. Tu n'en auras plus besoin. Je sens
que je vous rendrai heureux, Frédéric et toi, en
vous remettant ensemble. Mais ne lui laisse plus
prendre la place sur ton siége. On pourvoira aussi
à tes enfants.

PÉTREL se met à sangloter et à crier. Mon cher maître!...
Monsieur... c'est-il bien vrai? n'est-ce qu'un songe?
Frédéric! monsieur Frédéric! mes pauvres en-
fants!... Ah! que j'aille revoir mes chevaux!...

LES PETITES COUTURIÈRES.

LOUISE et LÉONOR travaillent dans leur chambre,
assises auprès d'une table couverte d'étoffes taillées
pour des enfants. SOPHIE est debout auprès de
Louise, et lui présente une aiguillée de fil. La chambre est échauffée par un bon feu.

CHARLOTTE, en entrant. Eh bien! vous voilà tristement
assises et occupées à coudre! moi qui croyais
vous trouver jouant sur la neige dans le jardin!
Venez, venez voir. Tous les arbres ont l'air de
petits-maîtres à tête bien poudrée. Il n'y a rien de
si joli.

LOUISE. Nous ne quitterions pas notre ouvrage pour
tous les plaisirs du monde.

CHARLOTTE. Moi, je le quitte souvent à propos de rien. Et en avez-vous encore pour longtemps?

LÉONOR. Nous y avons travaillé tout hier, et nous y sommes aujourd'hui depuis sept heures. Le voilà bientôt achevé.

CHARLOTTE. Depuis sept heures? J'étais encore à neuf heures et demie au lit. D'où vous vient donc cette fureur de besogne?

LOUISE. Si tu savais pour qui nous travaillons, je suis sûre que tu voudrais être de la partie.

CHARLOTTE. Non, certes, quand ce serait pour moi.

LOUISE. Oh! nous n'irions pas de si bon cœur pour nous-mêmes.

SOPHIE. Devine pour qui c'est?

CHARLOTTE. Quand ce n'est pas pour soi, c'est pour sa poupée. C'est tout naturel. N'ai-je pas deviné?

LÉONOR. Oui, regarde si ce sont là des ajustements de poupée. (*Elle soulève sur la table des jaquettes, des camisoles et des tabliers.*)

CHARLOTTE. Comment donc! voilà un trousseau complet. Laquelle de vous est-ce qu'on marie?

LÉONOR, *d'un air piqué.* Une jaquette pour habit de noces? Il n'y a que des folies dans sa tête. Je vois qu'elle ne devinerait jamais.

SOPHIE. Eh bien! je vais lui dire, moi, ce que c'est. Tu connais ces petites filles qui n'ont que des habits tout percés, et qui meurent de froid?

CHARLOTTE. Quoi! les enfants de cette pauvre femme dont le mari vient de mourir, et qui ne sait comment gagner sa vie?

LOUISE. C'est pour cette misérable famille.

CHARLOTTE. Mais ta maman et la mienne lui ont envoyé de l'argent.

LOUISE. Il est vrai; mais il y avait des dettes à payer et des provisions à faire. Quant aux habits...

LÉONOR. Oui, c'est nous qui nous en sommes chargés.

CHARLOTTE. Pourquoi ne pas leur envoyer des vôtres? Vous vous seriez épargné la façon.

LOUISE. Nos habits pourraient-ils aller bien juste à ces petits enfants?

CHARLOTTE. J'en conviens. Ils auraient traîné d'un quart d'aune devant et derrière eux; mais leur mère aurait pu les mettre à leur taille.

LOUISE. Elle n'est pas en état de le faire.

CHARLOTTE. Pourquoi donc?

LÉONOR, *regardant fixement Charlotte.* C'est que, dans son enfance, elle n'a pas été accoutumée à travailler.

LOUISE. Comme nous sommes un peu exercées à la couture, nous avons prié maman de nous faire donner du coutil et de la futaine, et de nous tailler, à vue d'œil, des patrons. C'est nous qui avons entrepris le reste.

LÉONOR. Et quand tout cela sera achevé, nous irons le porter nous-mêmes à la pauvre femme, pour que ses enfants soient chaudement vêtus cet hiver.

SOPHIE. Tu vois à présent pourquoi nous n'allons pas jouer sur la neige.

CHARLOTTE, *avec un soupir étouffé.* Ah! je veux travailler aussi avec vous.

LOUISE. Je te le disais bien.

LÉONOR. Non, non, cela n'est pas nécessaire; nous allons achever.

LOUISE. Pourquoi veux-tu la priver de ce plaisir? Tiens, ma bonne amie, voici un reste d'ourlet à faire; mais il faut que cela soit cousu proprement.

SOPHIE. Si cela n'est pas propre, on ne s'en servira pas d'abord.

CHARLOTTE. Tu parles aussi, toi, petite morveuse, comme si tu y étais pour quelque chose.

LOUISE. Comment donc! Sophie nous a merveilleusement secondées. C'est elle qui tenait l'étoffe quand il y avait quelque bout à rogner; c'est elle qui nous présentait le peloton; c'est elle qui ramassait nos dés. Tiens, mon cœur, porte les grands ciseaux à Léonor.

CHARLOTTE. Regarde un peu, ma chère amie, si c'est bien comme cela.

LÉONOR, *saisissant l'ouvrage.* Fi donc! ces points sont trop allongés; et puis c'est tout de travers.

LOUISE. Il est vrai que cela ne tiendrait guère. Attends, je vais te donner quelque autre chose. Attache les cordons au collet de la jaquette.

CHARLOTTE. Bon, je m'en tirerai un peu mieux.

LÉONOR, *jetant un coup d'œil en-dessous sur l'ouvrage de Charlotte.* Eh bien! ne voilà-t-il pas qu'elle ajuste le bout en-dehors, au lieu de le mettre à l'envers? L'ouvrage nous ferait honneur, assurément.

LOUISE. C'est ma faute de ne l'en avoir pas avertie. Bien comme cela, Charlotte.

CHARLOTTE. C'est que l'on ne m'a pas appris comme à vous.

LÉONOR. Tant pis pour toi; je te plains.

LOUISE. Ne va pas la fâcher, ma sœur; elle fait de son

mieux. Donne un peu, mon enfant. Comment donc!
voilà un cordon de cousu. Vois-tu, Léonor?

LÉONOR, *tirant d'une main la jaquette, de l'autre le cor-*
don. C'est dommage qu'il ne tienne pas. (*Le cordon*
et la jaquette se séparent, et l'on voit le fil qui va en
zigzag de l'un à l'autre, comme le lacet d'un corset
qu'on délace.) Une bonne ouvrière que nous avons
là. Elle ne fait rien et nous détourne.

CHARLOTTE, *tristement.* Hélas! c'est que je n'en sais
pas davantage.

LOUISE. Ne te chagrine pas, ma bonne amie; tu y as mis
de la bonne volonté, c'est autant que nous. Je me
charge de ta besogne... Allons, voilà qui est fait.
As-tu fini, Léonor?

LÉONOR. J'en suis à mon dernier point. Il n'y a plus
que le fil à couper. Bon; je vais maintenant faire
un paquet de tout cela. (*Elle arrange les habits, les*
met l'un sur l'autre, et se dispose à nouer les bouts de
la serviette qui les enveloppe. Madame de Valcourt
entre.)

SOPHIE. Ah! voici maman.

MADAME DE VALCOURT. Eh bien! mes enfants, où en sommes-nous? Avez-vous besoin d'un peu de secours?

LOUISE. Non, maman; Dieu merci, nous venons d'a-
chever.

MADAME DE VALCOURT. Déjà? Voyons un peu. Mais
c'est fort propre. Pour toi, ma chère Sophie, le
temps a dû te paraître long.

SOPHIE. Non, maman; j'ai toujours eu quelque chose à
faire. Demandez à mes sœurs.

LOUISE. Nous ne serions pas si tôt venues à bout de notre entreprise sans ses petits secours. Elle ne nous a pas quittées d'un instant.

MADAME DE VALCOURT. Je suis ravie de ce que tu me dis. Ah! voilà aussi notre voisine Charlotte. Elle vous a aidées, sans doute?

LÉONOR, *d'un ton ironique.* Elle a voulu essayer; mais...

LOUISE. Nous allions finir lorsqu'elle est arrivée.

SOPHIE. Elle a fait deux ou trois points. Ah! elle n'en sait guère plus que moi. Si vous aviez vu, maman, comme c'était torché!

LOUISE. Paix donc, Sophie.

MADAME DE VALCOURT. Allons, puisque vous avez été si diligentes, j'ai un grand plaisir à vous annoncer pour récompense de votre zèle.

SOPHIE. Et quoi donc, maman?

MADAME DE VALCOURT. La pauvre femme et ses filles sont en bas dans le salon. Je vais vous envoyer les enfants; vous les habillerez vous-mêmes pour jouir de la surprise de leur mère.

LOUISE. Ah! maman, comme vous savez assaisonner nos plaisirs!

SOPHIE. Voulez-vous que je les aille chercher?

MADAME DE VALCOURT. Oui, suis-moi; tu remonteras avec elles. Dans cet intervalle, je vais avoir un mot d'entretien avec la mère, et je saurai à quoi on peut l'employer pour lui faire gagner sa vie. (*Elle sort tenant Sophie par la main.*)

LOUISE. Reste avec nous, Charlotte; nous aurons be-

soin de toi. Il faut que tu donnes un coup de main
à la toilette.

CHARLOTTE. Ma chère amie, que je sens tout ton bon
cœur! (*Elle l'embrasse.*)

LÉONOR. J'ai eu un petit brin de malice, ma sœur m'en
fait rougir. Veux-tu bien me pardonner?

CHARLOTTE, *l'embrassant aussi.* Ah! de toute mon
âme!

LOUISE. J'entends les petites filles qui montent. Les
voici. (*Sophie entre, précédant, d'un air de triomphe,
les deux petites paysannes. Jacqueline porte Margoton dans ses bras.*)

SOPHIE, *bas à Louise.* Elles vont être bien surprises. Je
ne leur ai pas dit ce qui les attend.

LOUISE. Tu as bien fait. Elles n'en seront que plus aises, et nous aussi.

LÉONOR. Moi, je m'empare de Jacqueline.

LOUISE. Moi, je me charge de la petite Margoton.

CHARLOTTE. Sophie et moi, nous vous présenterons les
épingles. (*Elles se mettent en devoir de déshabiller
les enfants.*)

JACQUELINE, *d'un ton pleureur.* Nous avons bien déjà
assez froid. Est-ce que vous voulez encore nous
ôter nos pauvres habits?

LOUISE. Ne crains rien, ma petite. Tu vas voir. Viens;
approchons-nous un peu plus du feu. Tu es toute
transie.

JACQUELINE. Nous ne nous sommes pas chauffées d'aujourd'hui... Quoi! c'est pour nous ces beaux habits neufs? Ah! mon Dieu, que va dire ma mère?

Elle nous prendra pour vos sœurs, de nous voir si
braves!

LOUISE. Et vous le serez aussi. Vous ne nous donnerez
plus que ce nom.

JACQUELINE. O ma belle demoiselle! nous ne sommes
que vos servantes.

LOUISE. Tais-toi, tais-toi. Passe ton bras seulement.
L'autre... Mais comme c'est court! Il ne lui va
qu'aux genoux. (*A Léonor.*) Eh bien! étourdie, voilà
de tes œuvres! Tu m'as donné l'habit de la plus
petite pour la plus grande.

LÉONOR. Mon Dieu! je ne savais aussi ce que c'était.
Jacqueline en avait sous les pieds et je ne lui
voyais pas encore la tête. Il n'y qu'à changer. Voilà
le tien.

LOUISE. Dépêchons-nous. Toi, Sophie, cours faire signe
à maman de venir.

SOPHIE. J'y vole. (*Elle sort.*)

LOUISE. Ah! je m'y reconnais à présent. Tourne un peu.
Encore. Fort bien. Prenez-vous par la main et
marchez devant nous. (*Les deux petites filles
vont côte à côte, et se regardent l'une l'autre tout
ébahies.*)

CHARLOTTE. Comme elles sont bien ajustées! Les voilà
jolies à croquer. Il ne faut plus qu'une chose. (*A
Jacqueline.*) Tiens, voici un mouchoir blanc; cra-
che, que je te débarbouille. (*A Margoton.*) A toi.
Qu'est-ce qui leur manque? là, voyons. Si on bi-
chonnait pourtant leurs cheveux?

LOUISE. Va, Charlotte, ils leur vont mieux tout pen-
dants. N'est-ce pas, Léonor?

LÉONOR. Un petit coup de peigne pour les démêler. Laissez, laissez, je m'en charge.

SOPHIE *entre en sautant de joie.* Voici maman! voici maman! (*Madame de Valcourt la suit de près, tenant la pauvre femme par la main. Toutes les petites filles courent au-devant d'elle.*)

LA PAUVRE FEMME. O Dieu! que vois-je? sont-ce là mes enfants? Ma noble et généreuse dame! (*Elle veut se jeter à ses genoux.*)

MADAME DE VALCOURT, *la relevant.* Non, ma bonne amie, vous ne me devez aucune reconnaissance. Mes enfants ont voulu essayer leur adresse à la couture, et je leur en ai laissé le plaisir. (*Elle examine l'habillement des petites paysannes.*) Mais cela n'est point si mal pour un premier ouvrage! Louise, tu aurais là un bon métier.

LA PAUVRE FEMME, *courant vers Louise, Léonor et Sophie.* Ah! mes bonnes demoiselles, que je vous remercie! Je prie Dieu de vous en récompenser. (*Elle aperçoit Charlotte, qui s'est retirée seule dans un coin.*) Ah! pardon, ma petite demoiselle, je ne vous avais pas vue. Que je vous fasse aussi mes remercîments. (*Elle veut lui baiser la main.*)

CHARLOTTE, *la retirant.* A moi? à moi? Non, non, je n'ai rien fait à l'ouvrage.

MADAME DE VALCOURT. Ne t'afflige pas, mon enfant. On ne fait rien avec des soupirs, mais avec une ferme résolution. Dis-moi, crois-tu qu'il soit utile et agréable à une jeune demoiselle de s'accoutumer de bonne heure au travail?

CHARLOTTE. Oh! si je le crois!

MADAME DE VALCOURT. De quel plaisir touchant tu te
vois aujourd'hui privée, pour avoir négligé de te
former aux occupations de ton âge!

LA PAUVRE FEMME. Ah! ma chère petite demoiselle,
apprenez, apprenez à travailler tandis qu'il en est
temps. Plût à Dieu que j'eusse reçu, dans mon enfance, la même leçon! Je pourrais aujourd'hui m'ê-
tre utile à moi-même, au lieu de me voir à la
charge des honnêtes gens.

MADAME DE VALCOURT. Franchement, ma bonne amie,
cela aurait été beaucoup plus heureux pour vous,
quoique j'eusse perdu le plaisir de vous obliger.
Mais vous êtes encore assez jeune pour réparer le
temps que vous avez perdu. Vous saurez, mes enfants, que je lui ai trouvé de l'emploi chez le tisserand du voisinage; et, lorsqu'elle n'aura rien à
faire chez lui, elle viendra travailler ici au
jardin.

SOPHIE. Ah! bon, bon! j'irai lui aider tant que je
pourrai.

MADAME DE VALCOURT. A l'égard de ses filles, je veux
que ma maison soit leur école. Louise, et toi, Léonor, vous avez mérité que je vous confie leur ins-
truction. J'en fais vos élèves pour la lecture et
pour le travail.

CHARLOTTE. Me permettez-vous aussi d'être de l'apprentissage?

MADAME DE VALCOURT. Très volontiers, Charlotte, si ta
mère le trouve bon. Tu seras l'émule de Sophie. (A

4

la pauvre femme.) Ma bonne amie, êtes-vous con
tente de cet arrangement?

LA PAUVRE FEMME. Dieu! si je le suis! Ah! ma noble et
généreuse dame, je vous devrai tout mon bonheur
et celui de ma pauvre petite famille. Mes chères
et jolies demoiselles, rendez grâces à Dieu, tous
les jours de votre vie, de vous avoir donné une si
bonne maman, qui vous accoutume de bonne
heure à la diligence et au travail. Vous le voyez,
c'est la source de toutes les voies pour nous et
pour nos semblables.

LA PETITE GLANEUSE.

PERSONNAGES.

M. de BEAUVAL.	Mme de JOINVILLE.
MARCELLIN, son fils.	ÉMILIE, sa fille.
HENRIETTE, sa fille.	HUBERT, garde-chasse.

La scène est dans un champ qu'on vient de moissonner. et sur
lequel il y a encore plusieurs monceaux de gerbes. On voit
d'un côté le château de M. de Beauval, de l'autre des caba-
nes de paysans.

SCÈNE PREMIÈRE.

Le théâtre représente un champ de blé couvert de gerbes.

ÉMILIE, *tenant des deux mains une corbeille pleine
d'épis. Elle va s'asseoir auprès d'une gerbe.*

Allons, voilà qui n'est pas mal commencé. Quelle

joie pour ma pauvre mère ! *Elle pose sa corbeille à terre,
et regardant dedans d'un air satisfait.)* Ce vieux moissonneur! avec quelle bonté il m'a rempli ma corbeille ! j'aurais eu beau courir çà et là tout le jour, je
n'en aurais jamais ramassé seulement la moitié ! que
le bon Dieu l'en récompense! Voici encore quelques
épis à terre : quand je n'en glanerais qu'une poignée
ou deux... *(Elle enfonce des deux mains les épis dans la
corbeille.)* Je les ferai bien entrer en pressant un peu;
et puis n'ai-je pas mon tablier? *(Elle se lève, prend
d'une main les deux bouts de son tablier, et s'apprête de
l'autre à y jeter les épis qu'elle ramasse, lorsqu'elle entend du bruit.)* Mon Dieu! voici un homme qui vient à
moi d'un air fâché; je ne crois pas avoir fait de mal
pourtant.

Elle retourne à sa petite corbeille, la reprend et veut s'en aller.

SCÈNE II.

ÉMILIE, HUBERT.

HUBERT, *l'arrêtant par le bras.* Ah! petite voleuse, je
    vous y prends.

ÉMILIE. Que voulez-vous dire, Monsieur? Je ne suis
    pas une petite voleuse ; je suis une honnête petite
    fille, entendez-vous?

HUBERT. Une honnête petite fille! toi, une honnête pe-
    tite fille! *(Il lui arrache la corbeille des mains.)* Que
    portez-vous donc là-dedans, l'honnête petite fille?

ÉMILIE. Des épis, comme vous voyez.

HUBERT. Et ces épis ont apparemment poussé dans ta corbeille?

ÉMILIE. Ah! s'ils poussaient dans ma corbeille, je n'aurais pas besoin de prendre tant de peine à les ramasser dans les champs.

HUBERT. C'est donc volé!

ÉMILIE. Monsieur, ne me traitez pas si vilainement, je vous prie. J'aimerais mieux mourir de faim avec ma mère que de faire ce que vous dites là.

HUBERT. Mais ils ne sont pas venus se jeter d'eux-mêmes dans ta corbeille.

ÉMILIE. Monsieur, écoutez-moi. J'étais allée glaner dans ce champ là-bas. Il y avait un bon vieillard qui me voyait faire. La pauvre enfant! a-t-il dit, qu'elle a de peine! je veux la secourir. Il y avait des gerbes couchées sur son champ; il en a tiré des pleines poignées d'épis qu'il a jetés dans ma corbeille. Ce que l'on donne aux pauvres, disait-il, Dieu le rend, et...

HUBERT. Ah! j'entends. Le vieillard de ce champ là-bas t'a donné plein ta corbeille d'épis que tu prends ici, dans nos gerbes, n'est-il pas vrai?

ÉMILIE. Allez plutôt lui demander à lui-même, il pourra vous le dire.

HUBERT. Que j'aille courir là-bas! eh bien! tu n'as qu'à attendre; je t'ai prise ici, tout est dit.

ÉMILIE. Mais quand je vous dis que je n'ai touché à aucune gerbe! le peu d'épis que j'ai dans mon tablier, je les ai ramassés à terre, parce que j'ai cru que cela était permis. Cependant, si vous y avez du regret, je suis prête à vous les rendre; tenez, voilà les vôtres.

HUBERT. Non, non, ceux-ci resteront avec ceux-là; et où la corbeille restera, il faudra bien que tu restes aussi. Allons, suis-moi dans le chenil.

ÉMILIE, *avec effroi*. Comment! que dites-vous, mon brave homme?

HUBERT. Oh! oui, ton brave homme, si je te laissais échapper, n'est-ce pas? Dans le chenil, te dis-je; allons, allons.

ÉMILIE. Ah! je vous en supplie, pour l'amour de Dieu! Je n'ai ramassé ici, je vous assure, que la poignée d'épis que je vous ai rendue. Que dirait ma pauvre mère si je ne rentrais pas de la journée, si elle apprenait que l'on m'a mise en prison? elle est capable d'en mourir.

HUBERT. Le grand malheur! la paroisse en serait débarrassée.

ÉMILIE *se met à pleurer*. Ah! si vous saviez quelle bonne mère c'est, combien nous sommes pauvres, vous auriez pitié de nous!

HUBERT. Je ne suis pas ici pour avoir pitié des gens; j'y suis pour les arrêter lorsqu'ils entrent sur les terres de monseigneur, et pour les fourrer en prison.

ÉMILIE. Mais lorsqu'on n'a rien fait? lorsqu'on est innocent comme moi?

HUBERT. Oui, parle-moi de ton innocence! venir nous voler une pleine corbeille d'épis, et me faire ensuite mille menteries! Allons, allons, qu'on me suive.

ÉMILIE, *tombant sur une gerbe*. Ah! mon cher monsieur,

ayez pitié de moi. Prenez, si vous voulez, ma corbeille : hélas! ma petite provision ne vous rendra
guère plus riche ; mais laissez-moi aller, je vous
en prie ; si ce n'est pas pour moi, que ce soit pour
ma pauvre mère : je suis toute sa consolation, tout
son secours.

HUBERT. Si je te laisse aller, ce n'est pas pour ta mère,
au moins, je t'en avertis; je voudrais la voir à cent
lieues. C'est pour toi seule, parce que les pleurni-
cheries m'ont un peu remué le cœur. Mais n'attends pas que ta corbeille te suive : je la confis-
que pour la justice; et puis, c'est vendredi jour
d'audience, M. le bailli prononcera une bonne
amende; si on ne paye pas, en prison, et chassé
du village. (*Il charge la corbeille sur son épaule.
Émilie pleure à chaudes larmes et se jette à ses genoux.*) Allons, ne m'étourdis plus, ou tu verras ce
qu'on y gagne. (*Il s'éloigne en grommelant.*) Mais
voyez donc, si l'on n'était pas toujours à les épier,
si petits qu'ils soient, il nous enlèveraient, je crois,
jusqu'à la terre de nos champs.

SCÈNE III.

EMILIE, *seule.*

Elle s'assied à terre, et appuie sa tête sur une gerbe. Elle pleure
quelques moments en silence; enfin elle se leve et regarde autour d'elle.

Ah! il s'en est allé, ce méchant homme! il m'emporte
toute ma joie: je perds tout, mes épis, ma jolie

corbeille ; et qui sait encore ce qui nous arrivera
à ma mère et à moi? (*Après une petite pause.*) Que
ces petits oiseaux sont heureux ! il leur est au
moins permis de venir prendre quelques grains
pour leur repas, et moi.. Mais qui sait si un méchant homme comme celui-ci n'est pas à les guet-
ter pour les tuer avec son fusil? Je vais les faire
envoler, et je m'en irai, car peut-être me puni-
rait-on encore d'avoir reposé ma tête sur cette
gerbe... Mais qui sont ces deux enfants qui s'avancent ?

SCÈNE IV.

MARCELLIN, HENRIETTE, ÉMILIE, *essuyant ses
larmes.*

MARCELLIN. Ha ! ha! c'est donc toi, petite fille, que le
garde-chasse vient de surprendre à voler les épis
de nos gerbes?

Les sanglots empêchent Emilie de répondre.

HENRIETTE *la regarde avec attention, et dire à part son
frère.* Elle a l'air d'une bonne petite fille, Marcellin. Elle pleure; ne l'afflige pas davantage par tes
reproches. Le peu d'épis qu'elle a ramassés ne
vaut pas la peine... (*Elle va à elle.*) Ma pauvre
enfant, qu'as-tu donc à pleurer?

ÉMILIE. C'est de voir que l'on m'accuse sans sujet, et
que vous me croyez peut-être coupable.

MARCELLIN. Tu ne l'es donc pas?

ÉMILIE. Non, vous pouvez m'en croire. J'étais allée
glaner dans ce champ là-bas. Un vieux moissonneur a eu pitié de ma peine, et m'a rempli ma corbeille d'épis. Je viens ici en ramasser quelques
autres que je vois éparpillés çà et là. Votre méchant garde-chasse me trouve auprès de cette
gerbe et m'accuse de voler. Il me prend ma corbeille, et il m'aurait mise en prison, si, par mes
prières et par mes larmes pour ma mère, je n'a-
vais tant fait qu'il m'a laissée aller.

HENRIETTE. Ah! j'aurais bien voulu voir qu'il t'arrêtât!
nous avons un bon papa, qui ne souffre pas qu'on
fasse du mal aux pauvres, et qui t'aurait fait bien
vite relâcher.

MARCELLIN. Oui, et qui te fera bientôt rendre la corbeille, je t'en réponds.

ÉMILIE, avec joie. Oh! le croyez-vous, mon cher petit
monsieur?

HENRIETTE. Marcellin et moi nous allons tant le prier...
Sois tranquille. Il n'est jamais si content de nous
que lorsque nous lui parlons en faveur des pauvres gens. Et nous pourrions même te faire rendre la corbeille sans lui en parler.

ÉMILIE. Ah! que vous êtes heureuse, ma jolie petite
demoiselle, de n'avoir besoin du secours de personne, et de pouvoir même secourir les autres!

MARCELLIN. Tu es donc bien pauvre, ma chère enfant?

ÉMILIE. Il faut bien l'être pour venir ramasser ici son
pain avec tant de douleur.

HENRIETTE. Quoi! c'est pour du pain que tu viens cher-

cher des épis? Je croyais, moi, que c'était pour
faire cuire des grains sur une pelle bien rouge, et
les manger ensuite, comme nous le faisons quelquefois, mon frère et moi, quand personne ne nous
regarde.

ÉMILIE. Eh! mon Dieu! non. Ma mère et moi nous
voulions battre ces épis et en donner les grains au
meunier pour avoir de la farine et en faire du
pain.

HENRIETTE. Mais, ma pauvre enfant, tu n'en auras pas
grand'chose, et cela ne vous durera pas longtemps.

ÉMILIE. Eh! quand nous n'en aurions que pour un
jour ou deux! c'est encore un ou deux jours de
plus que ma mère et moi nous aurions à vivre.

MARCELLIN. Eh bien! pour que tu aies encore un autre
jour d'assuré, je vais te donner une pièce de douze
sous que j'ai gardée la dernière, parce qu'elle est
toute neuve.

ÉMILIE. Ah! mon cher petit monsieur, tant d'argent!
Non, non, je n'ose le prendre.

HENRIETTE, *en souriant.* Tant d'argent! Prends, prends
toujours. Si j'avais ma bourse sur moi, je t'en donnerais bien davantage; mais je te le garde, et tu
n'y perdras rien.

MARCELLIN *lui présente encore la pièce.* Reçois-la comme
une médaille.

Emilie rougit, reçoit la pièce, et lui serre la main sans lui
répondre.

MARCELLIN. Ce n'est pas assez. Je vais courir à toutes
jambes après notre garde-chasse, et il faudra bien
qu'il me rende la corbeille: ou autrement...

ÉMILIE. Ah! ne vous donnez pas cette peine. Vous me
promettez de me secourir. c'est assez pour moi.

HENRIETTE. Dis-moi, où loges-tu?

ÉMILIE. Ici, dans le village.

MARCELLIN. Nous ne t'avions pas encore vue; et cepen-
nous venons ici tous les ans avec notre papa, au
temps de la moisson.

ÉMILIE. Nous n'y sommes que depuis huit jours. C'est
chez une bonne vieille qui s'appelle Marguerite
et qui a montré bien de l'amitié à ma mère; oh!
une bien grande amitié.

HENRIETTE. Quoi! la vieille Marguerite?

MARCELLIN. Nous la connaissons. C'est la veuve d'un
pauvre tisserand qui n'avait pas d'ouvrage. Mon
papa la fait venir quelquefois pour ratisser le jardin.

HENRIETTE. Veux-tu me conduire chez ta mère?

ÉMILIE. Ce serait pour elle trop d'honneur. Une noble
demoiselle comme vous...

HENRIETTE. Va, va, notre papa ne veut point que nous
nous croyions plus nobles que les autres; et si tu
n'as pas d'autres raisons...

ÉMILIE. Non, au contraire, vous pourrez m'aider à la
consoler de la perte de ma corbeille et de mes
épis. Et puis ce méchant homme qui nous a encore
menacées...

MARCELLIN. Ne crains rien de ses menaces. Tandis
que ma sœur ira avec toi chez ta mère, je vais courir après lui; et sûrement... Reviendras-tu ici?

ÉMILIE. Si vous me l'ordonnez. mon cher petit monsieur.

MARCELLIN. Ta corbeille y sera avant que tu sois de re
tour.

ÉMILIE. Peut-être que je vous amènerai ma mère pour .
vous faire ses remercîments.

HENRIETTE. Allons, allons, courons la trouver.

Elle prend Emilie par la main et sort avec elle.

SCÈNE V.

MARCELLIN, seul.

Que nous sommes heureux, ma sœur et moi, de n'être
pas obligés, comme cette pauvre enfant, d'aller ramasser de tous côtés des épis pour vivre ! En vérité, cette petite parle comme si elle était née quelque chose : elle n'a point l'air malpropre et déguenillé de nos filles de paysans. Oh ! j'obtiendrai sûrement de mon papa... Mais le voici qui vient avec
Hubert. Bon, la corbeille est aussi de la compagnie.

SCÈNE VI.

MARCELLIN, M. DE BEAUVAL, HUBERT.

MARCELLIN, en courant à son père. Ah ! que je suis aise,
mon cher papa, de vous rencontrer ! (A Hubert.)
Rends-moi cette corbeille.

HUBERT. Doucement, doucement, Monsieur; vous allez m'arracher le cou.

M. DE BEAUVAL. Que veux-tu faire de cette corbeille, Marcellin?

MARCELLIN. Elle appartient à une pauvre petite fille, à qui ce vilain Hubert l'a prise, avec les épis qu'on lui avait donnés. Vous saurez tout, mon papa.

HUBERT. Ho! ho! on est donc vilain pour faire son devoir, et pour ne pas aider les voleurs à faire leur coup? Pourquoi donc Monseigneur me donne-t-il des gages?

M. DE BEAUVAL. Je vous l'ai déjà dit plusieurs fois, Hubert, c'est pour empêcher les vagabonds de courir sur mes terres et d'incommoder mes vassaux; mais non pas pour arrêter et traîner en prison les pauvres, et encore moins d'honnêtes nécessiteux qui cherchent à se nourrir d'une miette de mon superflu et de quelques épis échappés à une riche moisson.

HUBERT. Premièrement, je ne les empêche pas de glaner tant qu'ils veulent, lorsque la moisson est hors du champ; mais tant qu'il y reste une gerbe...

MARCELLIN, *ironiquement.* Que ne dis-tu aussi lorsque les champs sont en friche ou couverts de neige? Il y a grand'chose à ramasser, n'est-ce pas, lorsque la moisson est rentrée?   •

HUBERT. Vous n'entendez rien du tout à cela, Monsieur. Secondement, qui peut nous répondre que ce ne sont pas des voleurs.

MARCELLIN. Des voleurs, grand Dieu! des voleurs! La

petite fille m'a dit qu'elle n'avait pris ici aucun épi, et que c'était un vieux moissonneur du champ voisin qui lui avait rempli sa corbeille.

HUBERT. Bon! elle vous l'a dit : comme s'il y avait un mot de vérité dans ce que ces gens-là disent! Je l'ai surprise ici sur une gerbe.

M. DE BEAUVAL. Qui détachait des épis?

HUBERT. Je ne dis pas tout-à-fait cela. Mais sais-je, moi, ce qu'elle avait fait avant mon arrivée? Et puis, n'est-ce pas un mensonge que cette histoire d'un vieux moissonneur qui lui remplit sa corbeille? Oh! je reconnais bien là nos paysans; ce sont des messieurs si charitables!

MARCELLIN. Et moi je soutiens que ces épis lui ont été donnés, car elle me l'a dit; et une si bonne petite fille ne saurait mentir.

HUBERT. Et vous, n'avez-vous jamais menti, Monsieur? Cependant nous vous regardons comme un brave gentilhomme.

MARCELLIN. Entendez-vous, mon papa, comme ce vilain Hubert me traite? (*A Hubert, en colère.*) Non, si je mentais, je serais un méchant garçon; mais je ne mens pas, ni la petite fille non plus. Et c'est vous qui êtes un...

M. DE BEAUVAL. Doucement, Marcellin; je suis content de toi jusque-là de ta défense. On doit croire tous les hommes honnêtes gens, jusqu'à ce que l'on soit bien convaincu du contraire; mais l'on ne doit pas s'emporter contre ceux qui sont d'une opinion différente; et il faut chercher à les ramener avec douceur à des pensées plus consolantes et plus vraies.

HUBERT. Non, non, Monseigneur, il vaut mieux croire tous les hommes méchants, jusqu'à ce que l'on voie, à n'en pouvoir douter, qu'ils sont honnêtes : c'est beaucoup plus sage. Lorsque je rencontre un bœuf sur ma route, je suppose toujours qu'il a la corne mauvaise, et je me retire de son chemin. Il peut se faire qu'il ne soit pas méchant ; mais je ne cours aucun risque à prendre mes précautions. Le plus sûr est toujours le meilleur.

M. DE BEAUVAL. Si tous les hommes avaient ta façon de penser, Hubert, avec qui pourrions-nous vivre ? Et qu'en serait-il résulté entre toi et moi si, au lieu de te donner un service honnête dans ma terre, pour procurer du pain à un vieux soldat réformé, je t'avais livré à ma justice comme un vagabond, qui n'avait ni certificat ni passe port ?

HUBERT. Oui, cela est vrai ; mais il est vrai aussi que je suis un honnête homme.

M. DE BEAUVAL. Je ne te garde auprès de moi que parce que j'en suis persuadé ; mais je ne pouvais le croire d'abord que sur ta parole et sur ta physionomie.

MARCELLIN. Oh! mon cher papa, si vous vous en rapportez à la parole et à la physionomie, vous en croirez bien plus ma petite fille qu'Hubert.

HUBERT. Oui-dà, Monsieur! regardez-moi en face. Votre papa sera certainement bien content de la physionomie de votre petite fille, si elle lui revient autant que la mienne.

MARCELLIN. Vraiment oui; il te sied bien avec ta figure d'ours.

M. DE BEAUVAL. Fi donc, Marcellin... Hubert, connais-tu la petite fille?

HUBERT. Oui, je la connais, et je ne la connais pas. Je sais qu'elle est ici depuis dix à douze jours avec sa mère; mais comment et pourquoi elles y sont venues, il n'y a que monsieur le bailli qui puisse vous en instruire. Vous le dirai-je, Monseigneur! c'est bien mal fait à lui de recevoir cette espèce de gens dans la paroisse pour y être nourris aux dépens de la communauté.

MARCELLIN. Eh bien! c'est moi qui les nourrirai; oui, moi.

HUBERT. Vous avez donc quelque chose à vous, Monsieur?

MARCELLIN. Si je n'ai rien, mon papa en a assez.

HUBERT. En attendant, toute la communauté murmure. Mais lorsqu'on graisse la patte aux gens en place (*il compte dans sa main*), car j'imagine que monsieur le bailli...

MARCELLIN. Ne voilà-t-il pas qu'il dit aussi des injures à monsieur le bailli? Je le lui dirai, va.

M. DE BEAUVAL. Doucement, mon fils. Je vois, Hubert, qu'il est impossible de guérir ton esprit soupçonneux; mais je conçois des soupçons à mon tour. Tu juges que cette petite fille a rempli ici sa corbeille parce que tu l'as trouvée dans mon champ auprès d'une gerbe; tu juges que monsieur le bailli s'est laissé corrompre pour de l'argent parce qu'il a reçu une pauvre famille dans le village. Eh bien! je juge aussi que tu n'as retenu la corbeille de la petite fille que parce qu'elle n'a pas eu de l'argent ou quelques prises de tabac à te donner, et qu'à ce prix tu l'aurais volontiers relâchée.

HUBERT. Quoi! Monsieur, vous pourriez croire?...

M. DE BEAUVAL. Pourquoi ne veux-tu pas que je pense sur ton compte ce que tu te permets de penser sur le compte des autres?

HUBERT. Tenez, Monseigneur, il vaut mieux que je me taise. Et quand je verrais ces mendiants charger sur leurs épaules vos champs, vos bois et vos prairies... Faut-il porter la corbeille chez monsieur le bailli?

MARCELLIN. Oh! non, non, mon cher papa, je vous en supplie.

M. DE BEAUVAL. Hubert, vous la rapporterez chez la pauvre femme, et vous ferez vos excuses à la petite fille.

HUBERT. Des excuses, Monseigneur, des excuses! y pensez-vous? Moi, lui aller faire des excuses! et pourquoi?

MARCELLIN. Pourquoi? Pour l'avoir affligée sans sujet, et pour lui avoir fait l'affront de l'accuser d'une bassesse.

HUBERT. Si elles n'ont pas d'autres excuses ni d'autre corbeille...

M. DE BEAUVAL. Hubert, si j'avais commis une injustice envers vous, je ne balancerais pas à la réparer. Et pour vous en convaincre, j'irai moi-même, je rapporterai la corbeille, et je ferai des excuses en votre nom.

HUBERT. Chargez-vous-en plutôt, monsieur Marcellin.

MARCELLIN. Oh! de tout mon cœur. Mon cher papa, la petite fille doit revenir à l'instant avec Henriette, qui est allée consoler sa mère : il faut l'attendre.

HUBERT. En ce cas-là, je n'ai plus rien à faire. (*Il s'éloigne en grommelant.*) Je vois que nous allons avoir tant de mendiants dans ce village, qu'il nous faudra bientôt mendier nous-mêmes.

SCÈNE VII.

M. DE BEAUVAL, MARCELLIN.

MARCELLIN. Mon papa, entendez-vous ce qu'il dit?

M. DE BEAUVAL. Oui, mon fils, et je lui pardonne volontiers son humeur.

MARCELLIN. Mais comment pouvez-vous garder ce méchant homme?

M. DE BEAUVAL. Il n'est pas méchant, mon ami. C'est un zèle outré pour nos intérêts qui l'égare. Il m'est très attaché, et il remplit exactement ses devoirs.

MARCELLIN. Mais s'il est injuste?

M. DE BEAUVAL. Tu viens d'entendre qu'il ne croit pas l'être. Son unique défaut est de suivre trop littéralement ce qui lui a été prescrit, et de n'avoir pas assez d'intelligence pour faire de justes distinctions entre les personnes et les circonstances.

MARCELLIN. Expliquez-moi cela, mon papa, je vous prie.

M. DE BEAUVAL. Très volontiers, mon ami. En l'installant dans sa place, je lui ai ordonné d'écarter de ce village les vagabonds, et d'amener devant le juge ceux qu'il y surprendrait. Cet ordre ne pouvait regarder que ces malheureux qui se nourrissent de vols et de brigandages, et qui viendraient piller ou assassiner.

MARCELLIN. Ah! je comprends. Et lui, il regarde comme des scélérats ceux qui n'ont pour subsister que les secours des autres; et il ne s'informe point si c'est la vieillesse, des maladies ou des malheurs inévitables qui les ont réduits à cet état.

M. DE BEAUVAL. Très bien, mon fils; car les circonstances changent bien la nature des choses. Par exemple, tu as mis trop de réflexion dans la querelle que tu as eue avec lui. Sais-tu si la mère de cette petite fille n'est pas une personne vicieuse, si la petite fille elle-même ne t'a pas fait un mensonge, et n'a pas effectivement dérobé ces épis à mes gerbes?

MARCELLIN. Non, mon cher papa; c'est impossible.

M. DE BEAUVAL. Pourquoi cela serait-il impossible? As-tu pris des éclaircissements? sais-tu qui elle est, quelle est sa mère, et dans quel dessein elles sont venues ici?

MARCELLIN. Ah! si vous l'aviez seulement vue! si vous l'aviez seulement entendue! son langage, sa fi-

gure, ses larmes !... Elle est si pauvre qu'elle a
besoin d'une poignée d'épis pour se procurer du
pain. A-t-on besoin d'en savoir davantage ? Dois-
je laisser mourir un pauvre de faim parce que je
ne sais pas encore s'il mérite mon assistance ?

M. DE BEAUVAL. Embrasse-moi, mon fils ; conserve toujours ces généreuses dispositions envers les pauvres, et Dieu te bénira, comme il m'a béni moi-
même pour de pareils sentiments en les faisant
naître dans ton jeune cœur. La clémence est toujours préférable à la sévérité. L'insensibilité ne
peut conduire qu'à l'injustice ; et si celui qui sol-
licite notre pitié ne la mérite pas, c'est sa faute et
non pas la nôtre.

MARCELLIN. Mais, mon cher papa, il n'est guère prudent de confier à des personnes comme Hubert un
emploi où l'on peut commettre des injustices.

M. DE BEAUVAL. Tu aurais raison, mon fils, si je lui
avais laissé le pouvoir de condamner ou d'absou-
dre lui-même. Il ne peut, tout au plus, commettre
qu'une injustice passagère, à laquelle il est facile
de remédier ; et cet inconvénient est inévitable.
Pour juger les choses suivant les principes de l'é-
quité, j'ai dans mon bailli un homme plein de lumières, de droiture et de noblesse dans les sentiments. Il m'a rendu un témoignage favorable de
la petite fille et de sa mère lorsqu'il les a reçues
dans le village ; et il m'a appris qu'elles demeurent
chez la vieille Marguerite, qui est une très honnête femme.

MARCELLIN. Mais si Hubert avait battu la petite fille,
comme il l'en a menacée?

M. DE BEAUVAL. Il ne se serait jamais porté à cet excès.
Je lui ai défendu, sous peine de perdre son emploi,
de frapper qui que ce soit, même les personnes
qu'il prendrait en faute; et il suit à la rigueur
les ordres que je lui donne.

MARCELLIN. Ah! mon cher papa, voici ma sœur qui revient avec la petite fille.

SCÈNE VIII.

M. DE BEAUVAL, MARCELLIN, HENRIETTE, ÉMILIE.

MARCELLIN, *courant avec la corbeille vers Emilie.* Tiens,
mon enfant, voilà ta corbeille; il n'y manque pas
un seul épi.

ÉMILIE. O ma chère corbeille! Que je vous ai d'obligations, mon bon petit monsieur! (*Elle aperçoit M. de
Beauval.*) Qui est ce monsieur-là?

HENRIETTE, *courant vers son père, et lui sautant au cou.*
C'est notre bon papa.

MARCELLIN, *à Emilie.* Oh! c'est un bon père, je t'assure; tu n'as rien à craindre. Viens, je veux te
présenter à lui. (*En s'avançant.*) Il a bien rabroué
le vieux Hubert, pour t'avoir maltraitée.

ÉMILIE *s'avance timidement vers M. de Beauval et lui
baise la main.* Monsieur, me pardonnerez-vous

cette liberté? Oh! que vous avez de braves enfants!

M. DE BEAUVAL. Marcellin a raison; en la voyant on ne
peut douter de son innocence. Cet air décent,
ce langage, n'annoncent pas une éducation com-
mune.

ÉMILIE, *bas à Marcellin et à Henriette.* Est-ce que j'aurais fâché votre papa? il parle tout seul.

M. DE BEAUVAL, *qui l'a entendue.* Non, ma chère fille.
Si mes enfants en ont bien agi envers toi, ils n'ont
rien fait que tu ne paraisses mériter. Qui est ta
mère, mon enfant? qui vous a engagées à venir
dans ma terre? et quelles ressources avez-vous
pour vivre?

ÉMILIE. Nous vivons... Ah! grand Dieu! je ne sais pas
de quoi. Nous vivons de peu ou de rien. Nous
passons le jour et quelquefois la nuit à coudre et
à filer pour avoir du pain. La vieille Marguerite
donne le couvert à ma mère; elles m'ont envoyée
aujourd'hui aux champs pour glaner. Hélas! mon
apprentissage ne m'a pas trop bien réussi.

MARCELLIN, *bas à Émilie.* Pas si mal que tu penses. Ma
sœur et moi, nous voulons obtenir de mon papa
qu'il te fasse donner des épis sans glaner.

M. DE BEAUVAL. Mais où demeuriez-vous auparavant?

ÉMILIE. Dans le village de Nanterre, qui est à quelques
lieues d'ici. La vie y était trop chère : la vieille
Marguerite engagea ma mère à venir chez elle, et
lui offrit un logement pour rien.

M. DE BEAUVAL, *à part.* Si des gens aussi pauvres exer-
cent la bienfaisance, quels devoirs nous avons à

remplir! (*A Émilie.*) Ton père vit-il encore? quel est son état?

MARCELLIN. Je gagerais bien que ce n'est pas un paysan.

HENRIETTE. Je le parierais aussi, surtout depuis que j'ai vu sa mère.

ÉMILIE, *embarrassée*. Mon père?... je n'en ai plus. Je ne l'ai même jamais vu. Il était mort quand je suis née. Ah! s'il vivait encore!

M. DE BEAUVAL. Et tu ne sais pas qui il était, comment il s'appelait?

ÉMILIE. Ma mère vous en instruira mieux que moi.

M. DE BEAUVAL. Ne pourrais-je pas lui parler?

HENRIETTE. Oh! oui, mon papa. Elle va venir elle-même; elle ne m'a demandé qu'un moment pour s'arranger un peu.

M. DE BEAUVAL. Et qui t'a élevée?

ÉMILIE. Elle seule, Monsieur. Elle m'a appris à lire et à écrire. Elle m'instruit dans ma religion, et me donne quelques leçons de dessin.

M. DE BEAUVAL. De dessin? Je n'en doute plus, c'est un rejeton de quelque famille distinguée que des malheurs ont réduite à l'indigence.

HENRIETTE. Ah! la voici qui vient.

MARCELLIN. Est-ce elle?

M. DE BEAUVAL, *à part*. Je brûle d'éclaircir ce mystère. Cette enfant me rappelle des traits connus, mais je ne sais encore démêler.

SCÈNE IX.

M. DE BEAUVAL, MADAME DE JOINVILLE MARCELLIN, HENRIETTE, EMILIE.

ÉMILIE, *courant au-devant de sa mère, qui paraît embarrassée en voyant M. de Beauval.* Venez, maman; ne craignez rien. C'est le père de ces deux enfants qui nous montrent tant d'amitié, et il est bon, aussi bon que ses enfants.

Madame de Joinville s'avance timidement. Henriette lui prend la main avec vivacité et l'entraîne vers son père.

HENRIETTE. Oh! notre bon papa est instruit de tout.

MADAME DE JOINVILLE. J'ose me flatter, Monsieur, que vous n'avez pas soupçonné mon Emilie?

M. DE BEAUVAL. On n'a besoin, Madame, que de vous voir, vous et votre fille, pour prendre de vous l'opinion la plus avantageuse.

MARCELLIN. Elle s'appelle Emilie? Oh! mon papa, on voit bien qu'elle n'était pas née pour glaner.

MADAME DE JOINVILLE. La nécessité impose quelquefois des lois cruelles; et pourvu qu'on ne fasse rien de déshonorant...

M. DE BEAUVAL. On ne doit pas rougir de la pauvreté. Elle peut s'allier avec toutes les vertus. Mais oserai-je vous demander, Madame, qui vous êtes?

HENRIETTE. Elle s'appelle madame Loberie.

MADAME DE JOINVILLE. Je ne crois pas, Monsieur, devoir vous déguiser mon vrai nom. Je me vois même dans la nécessité de vous le découvrir pour me justifier dans votre esprit de l'état dans lequel vous me voyez descendue. Cependant je voudrais (*Elle regarde les enfan's*) vous faire cet aveu sans témoins. Ce n'est pas que je rougisse de mon abaissement. Mais si mon nom était connu, je craindrais de trouver parmi les gens du peuple des âmes peu généreuses qui se feraient peut-être un plaisir de m'humilier, parce qu'il nous arrive souvent de ne pas agir plus noblement à leur égard lorsque nous sommes dans la prospérité.

MARCELLIN. Eh bien ! je n'écouterai point.

HENRIETTE. Et moi, je n'en dirai pas un mot, je vous assure; et, qui que vous soyez, Emilie sera toujours ma bonne amie.

M. DE BEAUVAL. Croyez, Madame, que je ne vous aurais pas demandé ces particularités sans un intérêt pressant, et si je n'étais dans la résolution de réparer les injustices du sort.

AME DE JOINVILLE. Je suis née d'une famille noble, mais peu favorisée de la fortune. J'ai passé ma jeunesse à Paris, auprès d'une dame de condition, en qualité de demoiselle de compagnie. Il y a huit ans que je fis connaissance avec M. de Joinville, lieutenant-colonel de cavalerie, qui était venu passer quelques mois dans la capitale.

M. DE BEAUVAL, *avec transport.* Joinville! Joinville!

MADAME DE JOINVILLE. Il prit de l'inclination pour moi; ses vertus m'avaient prévenue en sa faveur, je lui donnai ma main; et quelques jours après notre mariage nous nous retirâmes dans une terre qu'il possédait en Provence.

M. DE BEAUVAL. Oh! c'est lui! c'est lui! Je retrouve tous ses traits sur la figure de cette enfant.

MADAME DE JOINVILLE. Que dites-vous, Monsieur?

M. DE BEAUVAL. Poursuivez, Madame, je vous en conjure.

MADAME DE JOINVILLE. J'abrégerai autant que possible Nous commencions à goûter, dans une paisible retraite, les douceurs de la plus tendre union; mais, hélas! les fatigues de la guerre avaient altéré la santé de mon époux, et une maladie cruelle termina sa vie en peu de jours.

Elle laissa couler des larmes.

HENRIETTE, *à Emilie.* Pauvre enfant! tu as été orpheline bien jeune.

EMILIE. Hélas! même avant d'être née.

MADAME DE JOINVILLE. Il me laissa enceinte de cette enfant que vous voyez. Je lui donnai la naissance dans la douleur. Aussitôt que les frères de mon mari, gens durs et intéressés, virent qu'il n'y avait point d'héritier mâle, ils se mirent en possession de ses fiefs; et comme nous avions tardé de jour en jour de faire revêtir nos articles de mariage de toutes les formalités essentielles, je fus obligée de me contenter de ce qu'ils voulurent bien me laisser pour ma fille et pour moi.

M. DE BEAUVAL. Leur indigne avarice me fait juger que la somme fut modique et ne put vous suffire longtemps.

5

MADAME DE JOINVILLE. Elle me servit encore à vivre quelques années en Provence, dans l'attente d'un leger douaire que je me flattais d'obtenir. Enfin, lorsque je vis mes espérances déçues, je pris la résolution de retourner à Paris, auprès de mon ancienne bienfaitrice. J'appris à mon arrivée que cette dame venait de mourir. Je n'eus pour lors d'autres ressources que de vendre ce qui me restait de mes bijoux et de mes habits, et de subsister du travail de mes mains. Je me retirai à Nanterre, pour y vivre inconnue. Il y a quelque temps que j'y rencontrai, par hasard, une femme que j'avais connue autrefois, et qui demeure dans ce village.

HENRIETTE. Mon papa, c'est la vieille Marguerite.

MADAME DE JOINVILLE. Elle avait servi chez la dame dont je vous ai parlé. Je lui avais donné, dans une cruelle maladie, des soins qui me valurent son attachement. Je lui exposai ma situation : elle me proposa de venir demeurer ici, où je pourrais vivre dans une obscurité plus profonde. C'est à elle que je dois l'hospitalité; et comme elle n'a personne pour lui fermer les yeux, elle m'a fait entendre que j'hériterais à sa mort de sa petite chaumière. Vous voyez...

M. DE BEAUVAL. C'en est assez, Madame. Cette généreuse femme ne me surpassera point en reconnaissance. J'ai une joie inexprimable de pouvoir enfin acquitter une dette que j'ai contractée envers votre digne époux.

MADAME DE JOINVILLE. Comment! Monsieur, est-ce que vous l'auriez connu?

MARCELLIN. Le père de cette bonne Émilie ?

HENRIETTE. O ma chère Émilie! je vois que nous allons te garder avec nous. Mais quoi! tu pleures?

ÉMILIE. Ne me plaignez pas, je ne pleure que de plaisir.

M. DE BEAUVAL. C'est à lui que je dois la vie : quel bonheur pour moi de pouvoir reconnaître ce bienfait envers son épouse et son enfant! J'ai servi sous lui pendant la dernière guerre d'Allemagne. Dans une affaire malheureuse, où j'étais épuisé de fatigue, un cavalier ennemi avait le sabre levé sur ma tête. C'en était fait de moi, si mon digne lieutenant-colonel ne m'eût sauvé en se précipitant sur lui.

MADAME DE JOINVILLE. Je le reconnais bien à ces traits; il était aussi brave que généreux.

M. DE BEAUVAL. Quelques jours après, je fus commandé en détachement pour une expédition périlleuse. Nous fûmes enveloppés, et forcés de nous rendre après une longue résistance. Mes équipages avaient été pillés. J'étais dénué d'habits et d'argent. M. de Joinville fut instruit de mon sort, et me fit recommander au général ennemi. J'obtins, grâce à lui, tous les secours dont j'avais besoin dans le traitement d'une blessure profonde que j'avais reçue. Je fus plus de deux ans à me rétablir, et lorsque je revins dans ma patrie, je n'eus que le temps de l'embrasser à mon passage, étant obligé de m'embarquer aussitôt pour les Indes. Un mariage avantageux que j'y ai fait m'a ramené, il y a six ans, en France. Je me disposais à voler dans ses bras, lorsque j'appris qu'il ne vivait plus. Quo j'étais loin de penser que son épouse et sa fille fussent dans la situation où j'ai la douleur de vous trouver!

MADAME DE JOINVILLE. Grand Dieu! grand Dieu! par quelles voies miraculeuses m'avez-vous conduite ici?

MARCELLIN. Quoi! ton père a sauvé la vie au nôtre?

HENRIETTE. Combien nous devons t'aimer!

M. DE BEAUVAL. Viens, mon Emilie ; tu retrouveras en moi le père que tu as perdu. Mes enfants ont aussi besoin d'une seconde mère qui remplace celle qui leur a été enlevée ; l'éducation que vous avez donnée à votre aimable fille (*Emilie s'avance vers lui et lui baise la main*) me fait voir, Madame, combien vous êtes digne de remplir un emploi si délicat. Je vais prendre toutes les précautions nécessaires pour que vous n'ayez plus à craindre une seconde fois les coups imprévus de la fortune. (*A Emilie, qui lui tient encore la main.*) Oui, ma chère fille, je ne mettrai plus de différence entre toi et mes enfants. Tu es la vivante image de ton généreux père, et tu es aussi digne de ma tendresse qu'il l'était de ma reconnaissance.

MADAME DE JOINVILLE, *saisissant avec transport la main de M. de Beauval.* Comment pourrai-je repondre à tant de bienfaits, Monsieur? Je n'ai que des larmes pour exprimer ce que je sens.

HENRIETTE, *l'embrassant.* O ma nouvelle maman ! vous serez donc toujours auprès de nous avec Emilie?

Vous verrez comme nous serons empressés à vous obéir.

MARCELLIN. Oui, Emilie sera ma seconde sœur. Elle n'ira certainement plus glaner. Ah! méchant Hubert, comme je vais me moquer de toi!

MADAME DE JOINVILLE. Mon cher petit troupeau! de quelle joie vous remplissez mon âme! au lieu d'un enfant, j'en ai donc trois. Non, aucune mère ne m'égalera pour les soins et pour la tendresse. (*à M. de Beauval.*) Permettez-vous, Monsieur, que j'aille apprendre cette heureuse nouvelle à ma bonne Marguerite? Je crains qu'elle n'en meure de plaisir.

M. DE BEAUVAL. Rien de plus juste, Madame. Et moi je vais faire préparer votre appartement au château.

HENRIETTE. Mon papa, me permettez-vous de suivre Emilie et ma nouvelle maman?

MARCELLIN. Et moi aussi, je voudrais bien aller avec elles.

M. DE BEAUVAL. Je le veux bien, mes enfants. Vous ramènerez ensuite au château madame de Joinville et sa fille, sans oublier la bonne Marguerite, que j'invite aussi à venir dîner avec nous.

MARCELLIN, *à Emilie, qui veut emporter la corbeille.* Non, Emilie, cela n'est plus fait pour toi. La corbeille restera ici

EMILIE. Ah! Monsieur, pour rien au monde je ne donnerais cette corbeille. Je lui dois mon bonheur, le bonheur de ma mère, celui de vous avoir connu, notre vie et notre bien-être. Non, ma chère petite corbeille, je ne rougirai jamais de toi.

Elle la relève et s'en charge avec beaucoup de peine.

HENRIETTE. Du moins ôtes-en les épis, elle sera plus légère.

ÉMILIE. Non, non. Ces épis sont à moi; car le bon vieillard me les a bien donnés, quoi qu'en ait pu dire Hubert. Je veux en faire un présent à notre vieille Marguerite.

M. DE BEAUVAL. Elle ne sera pas oubliée à la prochaine moisson : et dès ce moment elle a du pain assuré pour toute la vie.

MADAME DE JOINVILLE. Que le ciel vous récompense de votre générosité dans vos enfants!

LA VANITÉ PUNIE.

PERSONNAGES.

M. DE VALENCE.	M. DE REVEL, } amis de M. de Val.
MADAME DE VALENCE.	M. DE NANCÉ,
VALENTIN, leur fils.	MATHIEU, petit paysan.
MATHURIN, jardinier.	

La scène est tour à tour dans un appartement du château, su la terrasse du jardin, et dans une forêt contiguë.

SCÈNE PREMIÈRE.

M. ET MADAME DE VALENCE.

M. DE VALENCE. Voilà notre Valentin qui se promène dans l'allée avec un livre à la main. Je crains bien que ce ne soit par vanité plutôt, que par un véritable désir de s'instruire qu'il ait toujours l'air occupé de quelque lecture.

MADAME DE VALENCE. D'où te vient cette pensée, mon ami?

M. DE VALENCE. Ne remarques-tu pas qu'il jette la vue en dessous, tantôt d'un côté, tantôt de l'autre, pour voir si personne ne fait attention à lui?

MADAME DE VALENCE. Cependant ses maîtres rendent un témoignage très flatteur de son application, et ils conviennent tous qu'il est fort avancé pour son âge.

M. DE VALENCE. Cela est vrai. Mais si je ne me suis pas trompé dans mes soupçons, si les petites connaissances qu'il peut avoir acquises lui ont donné de la vanité, j'aimerais cent fois mieux qu'il ne sût rien, et qu'il fût modeste.

MADAME DE VALENCE. Quoi! rien, mon ami?

M. DE VALENCE. Oui, ma femme. Un homme sans connaissances bien relevées, mais honnête, modeste et laborieux, est un membre de la société beaucoup plus digne de considération qu'un savant à qui ses études ont tourné la tête et enflé le cœur.

MADAME DE VALENCE. Je ne peux croire que mon fils soit encore dans ce cas.

M. DE VALENCE. Que le ciel nous en préserve! Mais nous voici arrivés à la campagne; j'aurai plus d'occasions de l'observer moi-même; et je suis résolu de profiter de la première qui se présentera pour éclaircir mes conjectures. Je le vois qui

s'avance vers nous. Laisse-moi un moment seul
avec lui.

SCÈNE II.

M. DE VALENCE, VALENTIN.

VALENTIN, *à Mathieu, qu'il repousse.* Non, laissez-moi.
Mon papa, c'est ce petit sot de paysan qui vient
toujours m'interrompre dans ma lecture.

M. DE VALENCE. Pourquoi traiter de petit sot cet honnête garçon?

VALENTIN. C'est qu'il ne sait rien...

M. DE VALENCE. De ce que tu as appris, à la bonne
heure : mais il sait aussi bien des choses que tu
ignores, et vous pourriez vous instruire tous les
deux en vous communiquant vos connaissances. Si tu dois posséder quelque jour une terre,
crois-tu qu'il te soit inutile de prendre, de bonne
heure, une idée des travaux de la campagne, d'apprendre à distinguer les arbres et les plantes, de
connaître le temps des semences et des récoltes,
d'étudier les merveilles de la végétation! Mathieu
possède déjà toutes ces connaissances, et ne demande qu'à les partager avec toi. Elles te seront
un jour de la plus grande utilité. Celles, au contraire, que tu pourrais lui communiquer ne lui
serviraient à rien. Ainsi, tu vois que, dans ce com-
merce, tout l'avantage est de ton côté.

VALENTIN. Mais, mon papa, me siérait-il bien d'apprendre quelque chose d'un petit paysan?

M. DE VALENCE. Pourquoi non, s'il est en état de t'instruire? Je ne connais de véritable distinction entre les hommes que celle des talents utiles et de l'honnêteté; et tu conviendras que, sur ces deux points, il l'emporte également sur toi.

VALENTIN. Comment donc? sur l'honnêteté aussi?

M. DE VALENCE. Elle consiste, dans tous les états, à remplir ses devoirs. Il remplit les siens envers toi, en te montrant de l'attachement et de la complaisance. Remplis-tu de même les tiens envers lui, et lui témoignes-tu de la bienveillance et de la douceur? Il paraît cependant les mériter. Il est actif et intelligent. Je lui crois de la bonté dans le caractère, de l'élévation dans le cœur et de la finesse dans l'esprit. Tu devrais t'estimer fort heureux d'avoir un compagnon aussi aimable, et avec qui tu peux profiter en t'amusant. Son père est mon frère de lait, et m'a toujours aimé avec tendresse. Je suis sûr que Matthieu n'en a pas moins pour toi. Tiens, le voilà qui rôde sur la terrasse pour te chercher; songe à le traiter avec affabilité. Il y a plus d'honneur et de probité dans sa chaumière que dans beaucoup de palais. Sa famille cultive nos terres de père en fils, et je serais bien aise que cette liaison se perpétuât entre nos enfants.

Il sort.

SCÈNE III.

VALENTIN, *seul.*

Oui ; la belle liaison à former! Mon papa se moque, je
crois. Ce petit paysan aurait quelque chose à
m'apprendre! Oh! je vais si bien l'étonner de
mon savoir, qu'il ne s'avisera pas de me parler du
sien.

SCÈNE IV.

VALENTIN, MATTHIEU.

MATTHIEU. Vous ne voulez donc pas de mon petit bouquet, monsieur Valentin?

VALENTIN. Fi de ton bouquet! il n'y a ni renoncule ni
tulipe.

MATTHIEU. Il est vrai ; ce ne sont que des fleurs des
champs : mais elles sont jolies, et je pensais que
vous n'auriez pas été fâché de les connaître par
leur nom.

VALENTIN. C'est une chose bien intéressante à savoir
que le nom de tes herbes! Tu peux les reporter où
tu les as prises.

MATTHIEU. Si je l'avais su, je n'aurais pas pris tant de
peine à les cueillir. Je ne voulais pas rentrer hier
au soir sans vous apporter quelque chose; et
comme je revenais un peu tard du travail, quoique j'eusse grande envie de souper, je m'arrêtai

dans la prairie pour les ramasser au clair de la lune.

VALENTIN. Tu me parles de la lune ; sais-tu combien elle est grande ?

MATTHIEU. Eh ! morguienne, comme un fromage.

VALENTIN. O l'ignorant petit rustre ! (*Matthieu le regarde fixement avec de grands yeux, et demeure immobile. Valentin se promène devant lui d'un air important, et lui montrant son livre :*) Tiens, voilà Télémaque. As-tu lu cet ouvrage ?

MATTHIEU. Il n'est pas dans notre catéchisme, et M. le curé ne m'en a jamais parlé.

VALENTIN. Bon ! comme si c'était un livre de paysan !

MATTHIEU. Pourquoi voulez-vous donc que je le connaisse ? Oh ! laissez-moi le voir.

VALENTIN. Ne t'avise pas d'y toucher avec tes vilaines mains. (*Il lui en saisit une.*) Où as-tu donc pris ces gants de peau de buffle ?

MATTHIEU. Sous votre bon plaisir, ce sont mes mains, Monsieur.

VALENTIN. La peau en est si épaisse qu'on pourrait la tailler en semelles.

MATTHIEU. Ce n'est pas de paresse qu'elles se sont épaissies. Vous savez très bien parler, à ce que je crois ; et cependant je ne voudrais pas me changer avec vous. Travailler bravement, et laisser les autres en paix, voilà ce que je sais faire, et ce que vous devriez apprendre. Adieu, Monsieur.

SCÈNE V.

VALENTIN, seul.

Je crois que ce petit drôle voulait se moquer de moi
Mais voici la compagnie qui vient sur la terrasse
Je veux me donner devant elle un air de savant

*Il s'assied en affectant une grande attention à lire dans son
livre.*

SCÈNE VI.

**M. ET MADAME DE VALENCE, M. DE REVEL.
M. DE NANCÉ, VALENTIN, *assis sur un banc
à l'écart.***

M. DE VALENCE. La belle soirée! Voudriez-vous, mes
chers amis, monter sur cette colline, pour voir le
coucher du soleil?

M. REVEL. J'allais vous le proposer ; ce moment doit
être délicieux. Le ciel est de la sérénité la plus pure
à l'occident.

M. DE NANCÉ. J'aurai du regret de m'éloigner du rossignol. Madame, entendez-vous ces cadences har-
monieuses?

MADAME DE VALENCE. J'étais dans la rêverie. Mon cœur
se fondait de plaisir.

M. DE REVEL. Comment peut-on habiter les villes dans
cette charmante saison ?

M. DE VALENCE. Valentin, veux-tu monter avec nous
sur la colline pour voir le coucher du soleil?

VALENTIN. Non, mon papa, je vous remercie. Je lis ici quelque chose qui me fait plus de plaisir.

M. DE VALENCE. Si tu dis vrai, je te plains; et si tu ne le dis pas... Messieurs, il n'y pas un moment à perdre pour jouir de ce spectacle ravissant.

Ils s'avancent vers la colline.

SCÈNE VII.

VALENTIN, *les voyant s'éloigner.*

Bon! les voilà bien loin ; je n'ai plus besoin de me contraindre. (*Il met le livre dans sa poche.*) Que vont penser ces messieurs de mon application? Je voudrais bien être oiseau, et voler après eux pour entendre les louanges qu'ils me donnent. (*Il se promène en bâillant sur la terrasse pendant un quart d'heure.*) Je m'ennuie cependant à rester seul ici. Je puis faire mieux. Voilà le soleil couché, et j'entends la compagnie qui revient; je vais me glisser dans le bois, et m'y enfoncer de manière qu'on ait de la peine à me trouver. Maman enverra tous les domestiques me chercher avec des flambeaux. On ne parlera que de moi toute la soirée, et on me comparera avec ces grands philosophes qu'on a vus se perdre dans les forêts, égarés par leurs savantes rêveries. Mon aventure fera un beau bruit! Allons, allons.

Il se jette dans le bois.

SCÈNE VIII.

M. ET MADAME DE VALENCE, M. DE REVEL, M. DE NANCÉ.

M. DE REVEL. Je n'ai jamais goûté de plaisir plus pur et plus touchant.

M. DE VALENCE. Le mien a doublé de charme en le partageant avec vous, mes chers amis.

M. DE NANCÉ. Le rossignol n'a pas interrompu ses chansons. Sa voix semble même avoir pris, dans le crépuscule, un accent plus voluptueux et plus tendre. Je suis fâché que madame de Valence ne paraisse plus avoir autant de plaisir à l'écouter.

MADAME DE VALENCE. C'est que je suis inquiète de mon fils ; je ne l'aperçois pas sur la terrasse. (*Elle l'appelle.*) Valentin ! Il ne répond pas. (*Elle aperçoit le jardinier et l'appelle.*) Mathurin, as-tu vu mon fils ?

MATHURIN. Oui, Madame ; il y a un petit quart d'heure que je l'ai vu tourner vers la forêt.

MADAME DE VALENCE. Vers la forêt ? S'il allait s'y égarer ? Mon ami, cours après lui, et ramène-le-moi

MATHURIN. Oui, Madame, j'y vais.

Il s'éloigne.

MADAME DE VALENCE. Monsieur de Valence, n'allez-vous pas avec lui ?

M. DE VALENCE. Non, Madame, jen'ai pas d'inquiétude, moi. Mathurin saura bien le retrouver.

MADAME DE VALENCE. Mais s'il allait prendre un côté opposé! Je suis dans des transes!...

M. DE NANCÉ. Tranquillisez-vous, Madame; monsieur de Revel et moi, nous allons nous partager les deux côtés de la forêt, tandis que le jardinier, prendra le milieu; nous ne pouvons manquer de le joindre.

MADAME DE VALENCE. Ah! Messieurs, je n'osais vous en prier; mais vous connaissez le cœur d'une mère.

M. DE VALENCE. Ne vous donnez pas cette peine, Messieurs, vous me désobligeriez.

M. DE REVEL. Vous ne trouverez pas mauvais, mon ami, que nous cédions aux instances de Madame plutôt qu'aux vôtres.

M. DE VALENCE. Je ne puis vous dissimuler que c'est contre mon gré.

M. DE NANCÉ. Nous recevrons vos reproches à notre retour.

Ils marchent vers la forêt.

SCÈNE IX.

M. ET MADAME DE VALENCE.

MADAME DE VALENCE. Comment donc, mon ami? d'où te vient cette indifférence sur le sort de ton fils?

M. DE VALENCE. Crois-tu, ma femme, que je l'aime moins que toi? C'est que je sais mieux l'aimer.

MADAME DE VALENCE. Et si on ne le trouvait pas?

M. DE VALENCE. Je le voudrais.

MADAME DE VALENCE. Qu'il passât la nuit dans une forêt ténébreuse? Que deviendrait ce pauvre enfant? Que deviendrais-je moi-même?

M. DE VALENCE. Vous guéririez l'un et l'autre : lui de sa vanité, et toi de ton fol aveuglement qui la nourrit.

MADAME DE VALENCE. Que veux-tu dire, mon ami?

M. DE VALENCE. Je viens de me convaincre de ce que je ne faisais que conjecturer ce matin. Ce petit garçon a la tête pleine d'une vanité désordonnée. Toutes ses lectures ne sont que d'ostentation. Il ne s'est perdu que pour se faire chercher et pour se donner un air de distractions savantes dans l'opinion de nos amis. Cette erreur de son âme me fait plus de peine que si ses pas s'étaient réellement égarés. Il sera malheureux toute sa vie s'il n'en guérit de bonne heure; et il n'y a que de salutaires humiliations qui puissent le sauver.

MADAME DE VALENCE. Mais considères-tu bien...

M. DE VALENCE. Tout est considéré. Il a près de onze ans: il sait tirer parti de son intelligence; aidé par la clarté de la lune et par la direction du vent du soir, il s'orientera assez bien pour regagner le château.

MADAME DE VALENCE. Mais s'il n'a pas cet avisement?

M. DE VALENCE. Il en sentira mieux le besoin de profiter des leçons que je lui ai données à ce sujet.

D'ailleurs nous devons l'envoyer au service l'année prochaine; à ce métier, il y a bien des nuits à passer en pleine campagne. Il en aura fait l'expérience, et il n'arrivera pas tout neuf dans un camp pour servir de risée à ses camarades. L'air n'est pas bien froid dans cette saison; et pour une nuit il ne mourra pas de faim. Puisque, par sa folie, il s'est jeté dans l'embarras, qu'il s'en tire de lui-même, ou qu'il en essuie tous les désagréments.

MADAME DE VALENCE. Non, je ne puis consentir; et j'y vais moi-même, si tu n'envoies du monde après lui.

M. DE VALENCE. Eh bien! ma chère femme, je veux te tranquilliser, quoiqu'il m'en coûte de ne pas suivre mon projet dans toute son étendue. Je vais ordonner au petit Matthieu de l'aller joindre, comme par hasard. Colas se tiendra aussi à une petite distance pour courir à eux en cas d'accident. Du reste, ne m'en demande pas davantage; mon parti est pris, et je ne veux pas, pour une aveugle faiblesse, priver mon fils d'une épreuve importante. Voici mes amis qui reviennent avec Mathurin.

MADAME DE VALENCE. Dieu, je le vois, ils ne l'ont pas trouvé!

M. DE VALENCE. Je m'en réjouis.

SCÈNE X.

M. ET MADAME DE VALENCE, M. DE REVEL, M. DE NANCÉ.

M. DE NANCÉ. Nos recherches ont été inutiles; mais si

M. de Valence veut nous donner des flombeaux et
des domestiques...

V. DE VALENCE. Non, Messieurs ; vous avez cédé aux
prières de ma femme, vous écouterez les miennes
à leur tour. Je suis père, et je sais mon devoir.
Entrons dans le salon, et je vous rendrai compte
de mes projets.

SCÈNE XI.

Au milieu de la forêt.

VALENTIN, *seul.*

Qu'ai-je fait, malheureux? Il est déjà nuit, et je ne sais
de quel côté me tourner. (*Il crie :*) Papa! mon
papa! Personne ne répond. Pauvre enfant que je
suis! que vais-je devenir? (*Il pleure.*) O maman!
où êtes-vous? répondez donc encore à votre fils. O
ciel! qui court à travers les bois? Si c'était un
loup! Au secours! au secours!

SCÈNE XII.

VALENTIN, MATTHIEU, *accourant au cri.*

MATTHIEU. Qui est là? Qui est-ce qui crie de la
sorte? Quoi! c'est vous, Monsieur? Par quel hasard vous trouvez-vous ici à l'heure qu'il est?
VALENTIN. O mon cher Matthieu! mon cher ami! je me
suis égaré.

MATTHIEU, *le regardant d'abord d'un air étonné, et poussant ensuite un éclat de rire.* Y pensez-vous, Monsieur? Moi, votre cher Matthieu? votre cher ami? Vous vous trompez; je ne suis qu'un vilain petit paysan. Est-ce que vous ne vous en souvenez plus? laissez donc ma main, dont la peau n'est bonne qu'à tailler en semelles.

VALENTIN. Mon cher ami, pardonne-moi mes outrages, et, par pitié, reconduis-moi au château. Tu auras une bonne récompense de maman.

MATTHIEU, *le regardant du haut en bas.* Avez-vous achevé de lire votre Télémaque?

VALENTIN, *baissant les yeux d'un air confus.* Ah!

MATTHIEU, *mettant son doigt contre son nez, et regardant le ciel.* Dites-moi, mon petit savant, combien la lune peut-elle être grande en ce moment-ci?

VALENTIN. Epargne-moi, de grâce, et tire-moi, je t'en supplie, de cette forêt.

MATTHIEU. Vous voyez donc, Monsieur, qu'on peut être un vilain petit paysan et cependant être bon à quelque chose. Que ne donneriez-vous pas à présent pour savoir votre chemin, au lieu de savoir la grandeur de la lune?

VALENTIN. Je reconnais mon injustice, et je te promets de ne plus faire le fier à l'avenir.

MATTHIEU. Voilà qui est à merveille. Mais ce repentir de nécessité pourrait bien ne tenir qu'à un fil. Il n'est pas mal qu'un petit Monsieur sente un peu plus longtemps ce que c'est que de regarder le fils d'un honnête homme comme un chien dont on peut se jouer à sa fantaisie. Mais afin que vous

sachiez aussi qu'un brave paysan n'a pas de ran-
cune, je veux passer cette nuit auprès de vous,
comme j'en ai passé tant d'autres auprès de mes
moutons, en les faisant parquer. Demain, de bonne
heure, je vous ramènerai à votre papa. Approchez,
je veux partager ma chambre à coucher avec
vous.

VALENTIN. O mon cher Matthieu!

MATTHIEU, *s'étendant sous un arbre.* Allons, Monsieur,
arrangez-vous à votre aise.

VALENTIN. Où donc est ta chambre à coucher?

MATTHIEU. Nous y sommes. (*En frappant sur la terre.*)
Voici mon lit, prenez place : il est assez large pour
nous deux.

VALENTIN. Quoi! nous coucherons ici à la belle étoile?

MATTHIEU. Je vous assure, Monsieur, que le roi lui-
même n'est pas mieux couché. Voyez sur votre
tête quel beau pavillon; de combien de gros dia-
mants il est enrichi! et puis notre belle lampe
d'argent! (*En montrant la lune.*) Eh bien : que vous
en semble?

VALENTIN. Ah! mon cher Matthieu, je meurs de faim.

MATTHIEU. Je peux encore vous tirer d'affaire. Tenez
voici des pommes de terre, que vous accommode-
rez comme vous savez.

VALENTIN. Elles sont crues.

MATTHIEU. Il n'y a qu'à les faire cuire. Faites du feu.

VALENTIN. Il en faut pour allumer. Et puis, où trouve
du charbon ou du bois?

MATTHIEU, *en souriant.* Est-ce que vous ne trouveriez
pas de tout cela dans vos livres?

VALENTIN. Mon Dieu ! non, mon cher Matthieu.

MATTHIEU. Eh bien ! je vais vous montrer que j'en sais
plus que vous, et que tous vos Télémaques... (*Il
tire de sa poche un briquet, une pierre à fusil et de
l'amadou.*) Pinck ! voici déjà du feu, et vous allez
voir. (*Il ramasse une poignée de feuilles sèches qu'il
met autour de l'amadou, et il fait le moulinet de
son bras jusqu'à ce que le feu prenne.*) Le foyer sera
bientôt bâti. (*Il met des morceaux de bois mort sur
les feuilles allumées.*) Voyez-vous ? (*Il met les pommes de terre à côté du feu, et les saupoudre de terre,
qu'il pulvérise entre ses mains.*) Voici qui fera la
cendre pour les empêcher de brûler. (*Lorsqu'elles
sont bien proprement arrangées et recouvertes de
terre, il renverse sur elles les feuilles allumées et les
charbons de branchages. Il ajoute encore du bois
sec, et souffle de toute son haleine.*) Avez-vous un
plus beau feu dans votre cuisine ? Allons, voilà
qui sera bientôt cuit.

VALENTIN. O mon cher ami ! comment pourrai-je te récompenser de ce que tu fais pour moi ?

MATTHIEU. Fi des récompenses ! n'est-on pas assez payé
lorsqu'on fait du bien ? Mais attendez un peu.
Pendant que les pommes de terre cuisent, je vais
vous chercher du foin qui est encore en meule
dans la prairie. Vous dormirez là-dessus comme
un prince. Prenez garde à bien gouverner le rôti.

Il s'éloigne en chantant.

SCÈNE XIII.

VALENTIN, *seul.*

Insensé que j'étais! comment ai-je pu être assez injuste pour mépriser cet enfant? Que suis-je auprès de lui? Combien je suis petit à mes propres yeux, lorsque je compare sa conduite avec la mienne! mais cela ne m'arrivera plus. Désormais je ne mépriserai personne d'une condition inférieure, et je ne serai plus si orgueilleux ni si vain.

Il va çà et là, en ramassant, à la lueur du brasier, quelques branches seches qu'il porte à son feu.

SCÈNE XIV.

VALENTIN, MATTHIEU, *traînant deux bottes de foin.*

MATTHIEU. Voici votre lit de plumes, vos matelas et votre couverture. Je vais en faire un lit tout neuf et bien douillet.

VALENTIN. Je te remercie, mon ami. Je voudrais bien t'aider; mais je ne sais comment m'y prendre.

MATTHIEU. Je n'ai pas besoin de vous, je saurai faire tout seul. Allez vous chauffer. (*Il dénoue la botte de foin et l'étend sur la terre.*) Voilà qui est fait; songeons maintenant au souper. (*Il retire une pomme de terre de dessous le feu et la tâte.*) Les voilà cuites. Mangez-les tandis qu'elles sont chaudes; elles ont meilleur goût.

VALENTIN. Est-ce que tu n'en mangeras pas avec
moi?

MATTHIEU. Pour cela, non. Il n'y a tout juste que ce
qu'il vous faut.

VALENTIN. Comment!? tu veux...

MATTHIEU. Vous avez trop de bonté. Je n'y toucherai
pas. Je n'ai pas faim. Et puis j'ai tant de plaisir à
vous les voir manger! Sont-elles bonnes?

VALENTIN. Excellentes, mon cher Matthieu.

MATTHIEU. Je parie que vous les trouvez meilleures ici
qu'à votre table.

VALENTIN. Oh! je t'en réponds.

MATTHIEU. Vous avez fini. Allons, voilà votre lit qui
vous attend. (*Valentin se couche, Matthieu étend sur
lui le reste du foin, puis ôtant sa camisole :*) Les
nuits sont fraîches. Tenez, couvrez-vous encore
avec cela. Je vais prendre garde que le feu ne s'é-
teigne. Bonne nuit.

VALENTIN. Mon cher Matthieu, je pleurerais de regret
de t'avoir maltraité.

MATTHIEU. N'y pensez pas plus que moi. Nous serons
réveillés demain au jour naissant par l'alouette.

Valentin s'endort, et Matthieu veille assis auprès de lui pour
entretenir le feu.

SCÈNE XV.

Vers le point du jour.

VALENTIN *dormant encore*; **MATTHIEU.**

MATTHIEU, *l'éveillant.* Allons, mon camarade, c'est assez dormir. L'alouette s'est déjà égosillée, et le

soleil va bientôt paraître derrière la montagne. Nous allons nous mettre en marche pour retourner chez vous.

VALENTIN, *se frottant les yeux.* Quoi! déjà? Bonjour, mon cher Matthieu.

MATTHIEU. Bonjour, monsieur Valentin. Comment avez-vous dormi?

VALENTIN, *se levant.* Tout d'un somme. Voici ta camisole; je te remercie mille et mille fois. Je ne t'oublierai de ma vie.

MATTHIEU. Ne parlons plus de remercîments. Je suis plus content de vous. Allons, suivez-moi; je vais vous reconduire.

Ils partent.

SCÈNE XVI.

Au château.

M. ET MADAME DE VALENCE.

MADAME DE VALENCE. Dans quelle agitation j'ai passé toute cette nuit! Je crains, mon ami, qu'il ne lui soit arrivé quelque accident. Il faut envoyer du monde pour le chercher·

M. DE VALENCE. Tranquillise-toi, ma chère amie. J'y vais moi-même. Mais qui frappe? (*La porte s'ouvre.*) Tiens, le voici.

SCÈNE XVII.

M. ET MADAME DE VALENCE, VALENTIN, MATTHIEU.

MADAME DE VALENCE, *courant à son fils*. Ah! je te vois donc enfin, mon cher fils!

MATTHIEU. Oui, Madame; le voilà, un peu meilleur peut-être que vous ne l'avez perdu

M. DE VALENCE. Est-il vrai?

VALENTIN. Oui, mon papa; j'ai bien été puni de mon orgueil. Que donneriez-vous à celui qui m'aurait corrigé?

M. DE VALENCE. Une bonne récompense, et de grand cœur.

VALENTIN, *lui présentant Matthieu*. Eh bien! voilà celui à qui vous la devez. Je lui dois aussi mon amitié, et il l'aura pour la vie.

M. DE VALENCE. Si cela est ainsi, je lui fais tous les ans une petite pension de deux louis, pour l'avoir délivré d'un défaut si insupportable.

MADAME DE VALENCE. Et moi, je lui en fais une de la même somme pour m'avoir conservé mon fils.

MATTHIEU. Si vous me payez pour le plaisir que vous avez, il faudrait donc que je vous payasse aussi, de mon côté, pour celui que j'ai eu. Ainsi, quitte à quitte.

M. DE VALENCE. Non, mon petit ami; nous ne reviendrons pas sur notre parole. Mais nous allons déjeuner tous les quatre ensemble. Valentin nous racontera ses aventures nocturnes.

VALENTIN. Oui, mon papa, et je ne m'épargnerai point sur le ridicule que je mérite. J'en veux rougir encore aujourd'hui, pour n'avoir jamais plus à en rougir.

M. DE VALENCE. O mon fils, combien tu nous rendras heureux, ta mère et moi, en nous prouvant que ton changement est sincère et qu'il sera sans retour!

Valentin prend Matthieu par la main. M. de Valence présente la sienne à sa femme, et ils passent tous ensemble dans le salon voisin.

LES ÉTRENNES.

PERSONNAGES.

M. DUFRESNE.	CHARLES, ami d'Edouard.
EDOUARD, son fils.	ALEXIS, jeune orphelin
VICTORINE, sa fille.	COURTOIS, domestique.

La scène se passe dans un salon de l'appartement.

SCÈNE PREMIÈRE.

ALEXIS, CHARLES.

ALEXIS. Et quoi! de si bonne heure ici, monsieur Charles?

CHARLES. Ah! c'est vous que je cherchais, Alexis.

ALEXIS. Moi, Monsieur? Qui peut donc me procurer l'honneur de votre visite?

CHARLES. Le plaisir que j'ai à vous voir. Eh bien ! avez-vous eu de jolies étrennes ?

ALEXIS. Oh mon Dieu ! que me demandez-vous ? Lorsque nous avons les premières nécessités de la vie, ma mère, ma sœur et moi, nous sommes tous les trois fort contents.

CHARLES. Mais M. Dufresne ne vous laisse manquer de rien, à ce que j'imagine ?

ALEXIS. Il est vrai. Nous devons tout à ses bontés. Il continue sur nous l'amitié qu'il avait pour mon père. Son fils nous comble aussi de bienfaits. Voyez-vous cet habit neuf ? c'est d'Edouard que je le tiens. Il avait été acheté pour lui; son papa lui a permis de m'en faire présent. Il a aussi obtenu de sa sœur Victorine quelques chiffons pour ma sœur; et nous avons eu hier au soir une bien grande joie en recevant ces cadeaux.

CHARLES. C'est lui qui doit avoir eu de belles étrennes !

ALEXIS. Oh! sûrement. Son papa est si riche! Je ne sais cependant si sa joie a été aussi grande que la nôtre. De jolies choses ne sont pas une nouveauté pour lui; et ce que l'on a tous les jours ne fait jamais autant de plaisir que ce que l'on reçoit sans avoir osé l'espérer.

CHARLES. J'en conviens. Mais ne pourriez-vous pas me dire ce qu'il a reçu ? Il vous aura sûrement fait voir les présents qu'on lui a faits !

ALEXIS. Oui; mais comment me les rappeler tous ? Il a d'abord reçu de son père de bons livres, un étui de mathématiques, un microscope, des bas de

soie, et une garniture de boutons d'argent pour
son habit.

CHARLES. Ce n'est pas là ce que je désire le plus savoir : ce sont les friandises et les autres petites
drôleries qu'on nous donne, à notre âge, le premier jour de l'an.

ALEXIS. Oh! son papa ne lui a rien donné dans ce
genre. Il dit que les sucreries ne sont bonnes qu'à
gâter l'estomac, et à l'égard des joujoux, qu'E-
douard est trop grand pour s'en amuser. Il n'y a
que de sa tante qu'il a reçu des choses de cette espèce.

CHARLES. Et quoi, par exemple?

ALEXIS. Que vous dirai-je, moi? Un grand gâteau, des
cédrats confits, de cornets de bonbons, quatre
compagnies de soldats de plomb, avec un uni-
forme en couleur; un loto, une bourse de jetons
de nacre, de petites figures de porcelaine. Mais
allez plutôt le trouver, il se fera un plaisir de vous
les faire voir. Pourquoi me faites-vous ces questions?

CHARLES. Je sais bien ce que je fais. J'avais mes raisons pour apprendre tout cela de votre bouche,
avant de monter chez lui.

ALEXIS. Et quelles sont vos raisons, s'il vous plaît?

CHARLES. Je ne les dis à personne. Cependant, si vous
me promettiez d'être discret...

ALEXIS. Je ne fais jamais de rapport.

CHARLES. Donnez-m'en votre parole.

ALEXIS. Voilà ma main.

CHARLES. Eh bien! je vous dirai en confidence qu'Edouard a été bien attrapé.

ALEXIS. Mon bon ami! Je ne le souffrirai pas.

CHARLES. En ce cas-là, vous ne saurez rien. Je suis encore maître de mon secret.

ALEXIS. Comment! vous pourriez faire tort à mon cher Edouard?

CHARLES. Oh! je n'en ferai ni à sa santé ni à sa personne. Et enfin ce sont nos conventions.

ALEXIS. Mais, s'il est attrapé, c'est qu'on le trompe.

CHARLES. Non; c'est lui qui s'est trompé lui-même.

ALEXIS. Je n'entends rien à cette énigme.

CHARLES. Je vais vous l'expliquer. Nous sommes convenus ensemble que nous partagerions nos étrennes, si pauvres ou si riches qu'elles pussent être; ce qui serait partageable, s'entend.

ALEXIS. Eh bien! comment pourrait-il perdre à ce marché? Son papa n'est pas si riche que le vôtre; et vos étrennes doivent égaler les siennes, si elles ne valent pas encore davantage.

CHARLES. Il est vrai que j'ai reçu un fort beau présent, tenez, cette montre que voici. Mais cela ne peut pas se partager.

ALEXIS. Et vous n'avez eu rien de plus?

CHARLES. Rien absolument qu'un gâteau et deux petites boîtes de confitures. Mon papa dit, comme M. Dufresne, que les sucreries ne valent rien pour la santé. Tant que maman a vécu, c'était une autre affaire. C'est alors que j'avais des bonbons et des colifichets de toute espèce. Edouard le sait bien, lui qui vit mes étrennes l'année dernière et il y a deux ans. Voilà ce qui l'a engagé à faire cet accord avec moi; et avant-hier encore nous l'avons renouvelé sur notre parole d'honneur. Ainsi, vous voyez...

ALEXIS. Oui, je vois clairement que le pauvre Edouard en sera la dupe. Il n'a que faire d'une moitié de gâteau et d'une petite boîte de confitures que vous pourrez lui donner. Il en a reçu de sa tante plus qu'il n'en mangera sûrement. Mais est-ce tout ce que vous avez eu, monsieur Charles? Je ne puis guère vous croire.

CHARLES. Que voulez-vous dire, monsieur Alexis? Je vais vous jurer sur tout ce que vous voudrez...

ALEXIS. Jurer? Fi donc! cela ne convient pas à d'honnêtes garçons comme nous. C'est votre affaire; et si vous trompez Edouard, vous y perdrez plus que lui.

CHARLES. Savez-vous bien que je ne m'accommode pas de vos remontrances? C'est à Edouard de prendre son parti. Et s'il n'avait eu rien pour ses étrennes?

ALEXIS. Vous n'aviez pas ce malheur à craindre. M. Dufresne est généreux, et il est content de son fils. Ce que vous mettez dans le partage est si peu de chose! Il serait malhonnête à vous de prétendre qu'Edouard eût tout le désavantage de son côté. Il faut aller le trouver, et lui dire...

CHARLES. Il est déjà tout instruit. Avant de venir ici, je lui ai envoyé la moitié de mon gâteau, et l'une de mes deux boîtes de confitures. Je lui ai en même temps écrit une petite lettre à ce sujet.

ALEXIS. Quoi donc ! est-ce que vous persistez encore ?...

CHARLES. Que feriez-vous à ma place, vous qui parlez ?

ALEXIS. Je ne recevrais rien, n'ayant rien à donner, et je lui rendrais sa parole.

CHARLES. Votre serviteur très humble. Gardez vos bons conseils. Notre convention est une gageure ; et lorsqu'on parie, c'est pour avoir quelque chose à gagner. Il en sera l'année prochaine tout comme il lui plaira ; mais pour celle-ci, s'il ne me donne pas la moitié de tout ce qu'il a reçu, de son gâteau, de ses cédrats, de ses bonbons, de ses jetons, de ses porcelaines, je le suivrai dans toutes les rues, dans toutes les places, dans tous les carrefours, et je l'appellerai un trompeur et un fripon. Oui, dites-lui bien cela, monsieur Alexis. Dites-lui que des personnes comme nous doivent se garder leur promesse, après s'être juré l'un à l'autre.

ALEXIS. Encore jurer, monsieur Charles ? fi de vos serments ! Je suis bien pauvre ; mais quand vous me donneriez toutes vos étrennes, et jusqu'à votre montre, je ne voudrais pas faire un serment inutile.

CHARLES. Allez, vous êtes un enfant. Sans ce serment comment serait-on lié à sa promesse ?

ALEXIS. Par sa promesse même. La probité doit suffire entre gens d'honneur. Si vous pensiez différemment, je ne saurais que penser de vous.

CHARLES. Vous croyez donc qu'Edouard me tiendra la sienne ?

ALEXIS, *avec chaleur*. Je le crois ! Il n'aurait qu'à y

manquer, je ne le regarderais plus de ma vie. Mais
non, il n'y manquera pas, et il n'aura pas besoin
pour cela de son serment.

CHARLES. C'est ce que nous verrons. Rappelez-lui toujours ce que je vous ai dit, afin qu'il s'arrange en
conséquence.

ALEXIS. Je n'ai rien à lui rappeler; il sait son devoir de
lui-même.

CHARLES. Dites-lui aussi que je le félicite de tout mon
cœur d'avoir été ainsi attrapé.

ALEXIS. Quoi! vous joignez encore l'insulte à la ra-
pine?

CHARLES. Je me moque de lui, comme il se serait moqué de moi. Laissez-le faire, il saura bien une
autre fois prendre sa revanche.

ALEXIS. Non, non, Monsieur; je me flatte que c'est
la seule affaire qu'il aura jamais à démêler avec
vous.

CHARLES, en sortant. A la bonne heure. Je suis en fonds
pour m'en consoler.

SCÈNE II.

ALEXIS, seul.

Je n'aurais jamais cru Charles si intéressé. S'il est
vrai qu'il n'ait eu rien de plus de son père, pourquoi du moins ne pas rompre la convention dès
qu'elle devenait si dure pour son ami? Quelle avarice! quelle bassesse! Au reste, c'est la faute d'E-
douard, et ce n'est pas un grand malheur. Mais le
voici qui vient.

SCÈNE III.

ALEXIS, EDOUARD.

ÉDOUARD, *tenant un billet à la main.* Ah! mon cher
Alexis! je mériterais de me souffleter. Tiens, lis ce
billet.

Il le lui donne.

ALEXIS. Je sais tout ce qu'il contient, mon ami. Mais
aussi qui t'engageait à faire de marché? Il me semble que tu aurais dû commencer par en demander la permission à ton père. Ce que nous rece-
vons de nos parents n'est pas tellement à nous
que nous puissions en disposer sans leur aveu.

ÉDOUARD. D'accord. Mais je l'ai fait.

ALEXIS. Eh bien! il faut tenir ta parole. Pourquoi l'as-
tu donnée?

ÉDOUARD. Parce que l'année dernière, et encore celle
d'auparavant, Charles avait eu de plus belles étrennes que moi. Je croyais...

ALEXIS. Oui, tu croyais en faire ta dupe. Te voilà jus-
tement puni de ta cupidité.

ÉDOUARD. Ah! si j'avais su me contenter de ce qui devait m'appartenir!

ALEXIS. Point de regrets, mon ami. N'en auras-tu pas
encore assez de la moitié?

ÉDOUARD. Tu crois donc?...

ALEXIS. N'achève pas, Edouard me demande s'il doit
tenir sa parole

ÉDOUARD. Es-tu bien sûr qu'il n'y ait pas de friponnerie de sa part?

ALEXIS. Je le crois, car il me l'a assuré. J'en croirai toute personne, jusqu'à ce qu'elle m'ait trompé une fois.

ÉDOUARD. Mais comment son père l'aurait-il traité si mesquinement cette année? Je l'ai vu toutes les années précédentes recevoir un magasin de bijoux.

ALEXIS. C'était de sa maman; elle n'est plus. Son père pense comme le tien; au lieu de bagatelles enfantines, il a fait présent à son fils d'une fort belle montre.

ÉDOUARD. Oh! je le connais. Charles niera ce qu'il devait partager avec moi, et il m'emportera la moitié de mon bien.

ALEXIS. S'il en agissait de cette manière, ce serait un fripon.

ÉDOUARD. Et, dans ce cas, serais-je obligé de lui tenir parole?

ALEXIS. Pourquoi non? C'est comme si tu disais que parce qu'il est un fripon, tu veux l'être aussi.

ÉDOUARD. Saura-t-il ce que j'ai eu, si je ne le lui dis pas?

ALEXIS. Et pourras-tu te le cacher à toi-même?

ÉDOUARD. Mais je n'ai pas reçu de mon papa plus de choses à partager qu'il n'en a eu du sien. Tu sais que tout le reste me vient de ma tante.

ALEXIS. As-tu fait cette exception dans votre traité?

ÉDOUARD. Hélas! non, vraiment.

ALEXIS. Ainsi cela s'entendait de tout ce que tu pourrais recevoir.

ÉDOUARD, *frappant du pied.* Mais que ferai-je donc ?

ALEXIS. Je te l'ai dit, mon ami. Il n'y a qu'un parti à prendre dans cette affaire.

ÉDOUARD. Si je le veux, toutefois. Qui pourrait m'y forcer ?

ALEXIS. L'honneur. Si tu penses assez mal pour y manquer, Charles aura le droit de te déclarer partout pour un fripon.

ÉDOUARD. Oh ! cela ne m'embarrasse guère : je suis en état de lui répondre. Et puis, comment pourrait-il me convaincre ?

ALEXIS. Il sait déjà tout ce que tu as reçu. C'est moi qui le lui ai dit.

ÉDOUARD. Quoi ! tu aurais pu me trahir ? Alexis, ton amitié est rompue entre nous.

ALEXIS. J'en aurais la mort dans le cœur, mon cher Edouard. Il me serait bien facile de me justifier, en te disant qu'il m'a surpris avant que je fusse instruit de votre convention. Mais, s'il m'avait appelé en témoignage, il aurait toujours bien fallu le déclarer. Pour être honnête, on ne doit pas plus mentir que manquer à sa parole.

ÉDOUARD. Tu aurais pris son parti contre moi, et je serais ton ami ! Non, je ne le suis plus.

ALEXIS. Tu en es le maître, mon cher Edouard. Je sais tout ce qu'il va m'en coûter. Ton amitié était pour mon cœur plus encore que tous les bienfaits que j'ai reçus de ta famille. Mais, au risque de la perdre, je n'ai pas d'autre conseil à te donner ; et, si tu n'es pas mon ami, je serai toujours le tien.

ÉDOUARD. Un bon ami, vraiment, qui voudrait me voir dépouiller!

ALEXIS. Qui est-ce qui t'a dépouillé, si ce n'est toi-même? Pourquoi t'engager dans une promesse par laquelle tu t'exposais à perdre?

ÉDOUARD. Mais aussi je pouvais y gagner.

ALEXIS. Et alors aurais-tu exigé que Charles remplît ses engagements envers toi?

ÉDOUARD. Belle question!

ALEXIS. Pourquoi donc ne remplirais-tu pas les tiens envers lui? Tu viens de prononcer ta peine, si c'en est une d'être juste et honnête à si bas prix.

ÉDOUARD. Oui; pour la moitié de tout ce que je possède?

ALEXIS. L'autre moitié te reste. Eh bien! imagine que tu n'en as pas reçu davantage. Pense surtout à l'honneur que cette action te fera dans tous les esprits. Si Charles te trompe, je suis sûr qu'il n'osera jamais porter les yeux sur toi; au lieu que tu marcheras devant lui la tête levée. Oui, mon cher Édouard, comportons-nous toujours honnêtement, quelque prix qu'il nous en coûte.

ÉDOUARD, *lui sautant au cou*. Oh! combien tu vaux mieux que moi, mon cher Alexis! Oui, je l'avoue, j'étais un garçon injuste et intéressé; mais, va, je ne le serai plus. Maudites soient ces misérables bagatelles qui ont failli me corrompre! Que Charles en prenne la moitié. Tu feras toi-même le partage. Donne-lui ce que tu voudras. Je veux être digne de ton estime et de ton amitié.

ALEXIS. Et tu l'es aussi. Tu ne le fus jamais tant que

dans ce moment. Je connaissais ton cœur, et je
savais le parti que tu allais prendre. La victoire
que tu viens de remporter sur toi-même te cau-
sera plus de plaisir que tout ce que tu sacrifies.
Au bout de quelques jours, tu t'en serais dégoûté,
et tu l'aurais donné au premier venu.

ÉDOUARD. Oui, tu me connais bien, me voilà. Que
puis-je faire pour te marquer ma reconnaissance
de m'avoir sauvé la conscience et l'honneur?

ALEXIS, *en l'embrassant.* M'aimer toujours.

ÉDOUARD. Oui, toujours, toujours, mon Alexis. Allons,
je vais chercher mes présents; hâtons-nous de
faire ce partage. Il me tarde d'en être débarrassé.
Je craindrais encore qu'il ne me vînt des regrets.

ALEXIS. Va, tu n'en auras point. Je te réponds de
toi.

SCÈNE IV.

ALEXIS, *seul.*

Non, quand tout cela serait pour moi-même, je n'en
aurais pas tant de joie que d'avoir sauvé mon
ami. Qu'il doit aussi se trouver fier au fond de son
âme d'être fidèle à sa parole aux dépens de ses
plaisirs! Ce sacrifice lui coûte sans doute. Eh
bien! il n'en est que plus glorieux. J'étais sûr de
sa droiture; il n'a besoin que d'être éclairé pour
ce porter à la justice et à l'honneur.

SCÈNE V.

ALEXIS, ÉDOUARD.

ÉDOUARD, *portant par les deux anses une grande corbeille.* Viens, je te prie, m'aider, mon cher Alexis,
pour que je ne laisse rien tomber. Tout cela devient à présent sacré pour moi. J'ai laissé le gâteau dans le buffet, crainte de le briser. Je l'irai
chercher quand il en sera temps. Voici toujours
la boîte de confitures. (*Il l'ouvre et la donne à
Alexis.*) Tiens, c'est ici le milieu, prends tout ce
côté pour Charles, et laisse l'autre moitié pour
moi dans la boîte.

ALEXIS. Non, non; il vaut mieux qu'il soit témoin du
partage. Il croirait peut-être que nous avons
mangé quelque chose dans sa portion. Voyons les
autres friandises. — Quatre cédrats confits; deux
pour l'un et deux pour l'autre. — Six cornets de
pastilles; trois pour chacun. (*Il fait deux parts,
qu'il place aux deux bouts de la table.*) Combien y
a-t-il de jetons dans cette bourse?

ÉDOUARD. Deux cents.

ALEXIS, *après en avoir compté cent, qu'il dispose dix par
dix.* Voilà les siens. La bourse ne peut pas se partager; elle te reste avec les autres.

ÉDOUARD. Et ces quatre compagnies de soldats? Ah!
comme nous nous serions amusés à les ranger en
bataille! N'y as-tu pas de regret, Alexis?

ALEXIS. J'en aurais si tu les gardais. Je te donne les

uniformes rouges; ils sont plus brillants que les bleus. Un jeu de loto, et un microscope.

ÉDOUARD. Heureusement ni l'un ni l'autre ne se partage.

ALEXIS. Il est bien vrai, à la rigueur ; mais cela peut faire deux lots, un pour chacun. Charles viendrait nous chicaner, et il faut prévenir jusqu'à ses injustices. Laissons-lui le loto, et gardons le microscope pour nous. Il pourra servir à nous instruire, en nous faisant connaître mille beautés de la nature qui se déroberaient à nos regards.

ÉDOUARD. Ah! voilà maintenant ce qui me coûte le plus! ces treize jolies figures de porcelaine.

ALEXIS. Tu n'aurais jamais pu les placer toutes ensemble sur ta cheminée. Sais-tu ce qu'elles représentent?

ÉDOUARD. Les neuf Muses et les quatre Saisons.

ALEXIS. Donne-lui les Saisons. Tu as droit à la meilleure part, et les Muses ne se séparent jamais. Mais, veux-tu m'en croire? ne faisons point les choses à demi. Accordons-lui, pour égaliser, le reste des jetons et la bourse. (*Il remet les cent jetons de Charles dans la bourse, et met le tout de son côté.*) Les voilà dans son lot.

ÉDOUARD. Tu me fais faire ce que tu veux.

ALEXIS. Ce que j'aurais fait moi-même à ta place... Ha! ha! des estampes encadrées! J'avais oublié de lui en parler.

ÉDOUARD, *avec joie.* Est-il bien vrai, mon ami?

ALEXIS, *d'un air sévère.* Et qu'importe? N'est-ce pas comme s'il le savait? Combien y en a-t-il? Voyons.

Une, deux, trois. *(Il compte jusqu'à vingt-quatre en parcourant leurs inscriptions l'une après l'autre, et les partage à mesure en deux lots.)* Ici les princes régnants de l'Europe; et là les grands hommes de France.

ÉDOUARD. Eh bien! lesquels choisirons-nous?

ALEXIS, *lui présentant deux estampes qu'il a mises de côté dans le second lot.* Ah! mon cher Edouard! notre choix est tout fait. Voici La Fontaine et Fénelon. Gardons les amis de notre enfance. *(Il baise les deux portraits; ensuite il met les princes dans le lot de Charles, et les grands hommes dans celui d'Edouard.)* Voilà tout, je crois?

ÉDOUARD, *tristement.* Hélas! oui.

ALEXIS. Pourquoi cet air si triste?

ÉDOUARD. C'est que tu veux que mon bien lui appartienne.

ALEXIS. Non, mon cher Edouard, ce n'est pas moi qui le veux. C'est toi qui l'as voulu et qui le veux encore. N'est-il pas vrai, tu le veux toujours?

ÉDOUARD. Oui, oui; fais seulement que je ne voie plus cela, que j'en sois débarrassé.

ALEXIS. N'y pense plus, mon ami. Tu as fait ton devoir. Je cours trouver Charles et lui parler. S'il t'a trompé, je veux qu'il en meure de honte.

Il sort.

ÉDOUARD. J'entends venir quelqu'un. Est-ce Charles? Non, c'est Victorine.

SCÈNE VI.

EDOUARD, VICTORINE.

VICTORINE, *regardant avec avidité tout ce qui est étale sur la table.* Que fais-tu donc là, mon frère? Que signifie ce partage? Est-ce qu'il y aurait une moitié pour moi? Sais-tu bien que ce serait une fort aimable gentillesse?

ÉDOUARD. Ah! ma sœur! je le voudrais, je t'assure. Mais je ne suis plus le maître d'en disposer.

VICTORINE. Et pourquoi donc? Cela t'appartient. Ah! j'entends, c'est quelque nouvelle escroquerie d'Alexis. Il est sans cesse à mendier auprès de toi pour les autres; et ce qu'il obtient par ses importunités, il sait le mettre de côté pour lui.

ÉDOUARD. Victorine, ne parlez pas ainsi de ce digne garçon; je voudrais, pour tout ce que je possède, avoir sa noble manière de penser.

VICTORINE. Mais enfin que veut dire ce déménagement?

ÉDOUARD. Que je suis bien puni d'avoir été si avide! Il faut que je cède à Charles la moitié des présents que j'ai reçus de ma tante.

VICTORINE. Au lieu de me les donner! Et à quel propos?

ÉDOUARD. Parce que nous étions convenus ensemble de partager nos étrennes. Par malheur, j'ai eu beaucoup et lui rien.

VICTORINE. Il n'aurait donc rien de moi; c'est la justice.

ÉDOUARD. Que veux-tu? Nous nous sommes engagés
par l'honneur. Il m'a tenu parole; il faut bien lui
tenir la mienne, ou je suis un déloyal.

VICTORINE. Voilà de ces folies que ton Alexis te met
dans la tête. Non, je suis dépitée de ce que tu te
laisses gouverner par un enfant qui vit de nos secours.

ÉDOUARD. Mais n'a-t-il pas raison?

VICTORINE. Lui? jamais. Et je parierais même aujour-
d'hui qu'il s'entend avec Charles pour partager les
dépouilles.

ÉDOUARD. Sérieusement tu le croirais, ma sœur? mais
non, non; tu lui fais injure. Alexis est trop généreux.

VICTORINE. C'est toi qui es trop faible. Il prendrait bien,
je crois, ton parti plutôt que celui de Charles s'il
n'y était intéressé.

ÉDOUARD. Je suis son ami. Il est intéressé à ce que je
ne sois pas un fripon.

VICTORINE. Ha, ha, ha! fort bien! Pour n'être pas un
fripon, tu te laisses friponner.

ÉDOUARD. Cela vaudrait toujours mieux.

VICTORINE. Et d'une manière si ridicule! Oh! comme
ils vont se moquer de toi! Ha, ha, ha!

ÉDOUARD. Alexis se moquerait de moi?

VICTORINE. S'il aide à te tromper.

ÉDOUARD. Mais j'ai donné parole. Le partage est tout
fait, et Charles va venir.

VICTORINE. Eh bien! qu'il s'en retourne. Quelle sera
ma joie de voir que tu les attrapes lorsqu'ils pen-
sent t'attraper!

ÉDOUARD. Oui, que je me déshonore pour sauver ces
misères !

VICTORINE. Mais si je le les conserve avec ton honneur?

ÉDOUARD. Et par quel moyen?

VICTORINE. Le voici. C'est d'aller conter l'affaire à mon
papa, ou plutôt à ma tante, qui serait plus facile
à persuader, pour qu'ils te défendent de te défaire
de leurs présents. Je me charge de la mission.

ÉDOUARD. Non, non, ma sœur, si tu as quelque amitié
pour moi.

VICTORINE. A la bonne heure. Tu veux te laisser plu-
mer? Je le veux aussi. Je ne perds rien à cela.
Tout au contraire, j'y gagne le plaisir de rire à tes
dépens, et d'avoir maintenant d'aussi jolies étrennes que toi. Je vais toujours le dire à mon papa,
quand ce ne serait que pour te faire gronder, puisque tu n'as pas voulu suivre mes idées.

SCÈNE VII.

EDOUARD, seul.

Elle a raison cependant. Si mon papa et ma tante me
le défendent, je garde tout et je suis quitte de
mes obligations. Pourquoi cette idée ne m'est-
elle pas d'abord venue à l'esprit? Il est vrai que
ce ne serait pas bien. J'entends en moi-même une
voix qui me le crie. Je devais tout prévoir avant
d'engager ma promesse. Ah! si Alexis était ici
pour me décider! J'ai besoin de son secours. Qu'il

vienne, mais tout seul. Bon, me voilà content,
c'est lui.

SCÈNE VIII.

EDOUARD, ALEXIS.

ALEXIS. Charles ne tardera pas à venir. Il s'en est allé
demander la permission à son père. Courage, mon
cher Edouard! ne laissons pas soupçonner que ces
bagatelles nous tiennent si fort à cœur. Je commence à croire que Charles n'est pas de bonne foi.
Je lui ai parlé vivement, et il m'a semblé voir dans
ses réponses un peu d'embarras.

EDOUARD. Il me trompe, j'en suis sûr; il faut encore
que je paraisse content!

ALEXIS. N'as-tu pas sujet de l'être? Tu as rempli ton
devoir.

EDOUARD. Eh bien! je tâcherai de me vaincre et faire
bonne contenance devant lui. Mais sais-tu ce que
me disait tout-à-l'heure ma sœur? qu'il fallait prier
ma tante ou mon papa de me défendre de donner
la moindre chose de mes présents; que de cette
manière je conserverais mon honneur et toutes
mes étrennes.

ALEXIS. Et le repos de la conscience, le conserveras-tu
aussi par ce moyen?

EDOUARD. Hélas! non; je sentais déjà en moi qu'il serait malhonnête d'en user ainsi.

ALEXIS. Pourquoi donc balancer davantage? O mon
cher Edouard! ne résistons jamais à ces premiers

sentiments de droiture et de générosité. Tu verras
bientôt quel plaisir on trouve à les suivre. Est-ce
que nous aurions besoin de toutes ces babioles
pour être heureux? Va, je te promets de n'en être
que plus empressé à te procurer d'autres amusements. Si mon amitié est quelque chose pour toi,
je t'en aimerai cent fois davantage de te voir
honnête et délicat.

ÉDOUARD. Oui, je le suis, je veux l'être, mon cher
Alexis, et c'est à toi que je le devrai. Je me fais
gloire de sentir le prix de ton conseil, et je le suivrai, quoi qu'en ait pu dire ma sœur. Fi de ces
misères! Pour te prouver combien je les méprise,
je vais encore mettre deux cornets de pastilles de
plus dans la portion de Charles.

ALEXIS. Bien comme cela, mon ami! C'est le triomphe
d'un héros qui revient victorieux d'une bataille.

ÉDOUARD. Prends toujours soin de ma faiblesse; et si
tu me voyais fléchir, parle pour moi.

ALEXIS. Je n'en aurai pas besoin. Mais doucement,
c'est Charles qui s'avance.

SCÈNE IX.

CHARLES, EDOUARD, ALEXIS.

CHARLES, *avec l'air un peu embarrassé.* Bonjour,
Edouard; Alexis est venu me dire que tu me demandais. Me voici. Je suis cependant fâché...

ÉDOUARD. De quoi es-tu fâché, mon ami ?

CHARLES. De ce que mes étrennes ont été si misérables, et de ce que je...

ÉDOUARD. N'est-ce que cela? sois tranquille.

ALEXIS. Edouard n'en est que plus content de pouvoir suppléer à ce qui vous a manqué. Si vous saviez quelle joie il s'en est promis! N'est-ce pas, Edouard?

ÉDOUARD. C'est de tout mon cœur. (*Il prend Charles par la main et le conduit vers la table.*) Tiens, voilà tous mes présents que nous avons d'abord partagés en deux portions bien égales. J'ai encore ajouté quelque chose de plus à la tienne, pour ne te laisser rien à regretter.

ALEXIS. Il y avait deux choses qui n'étaient pas de nature à être partagées, le microscope et le loto. Edouard, suivant vos conventions, pouvait les garder pour lui. Il a mieux aimé vous donner le loto, de peur d'avoir le moindre reproche à se faire.

ÉDOUARD. J'ai regret que ces figures de porcelaine n'aient pu se partager par nombre égal. J'ai gardé les neuf Muses; mais pour remettre l'égalité, je te laisse, avec les quatre Saisons, un cent de jetons de nacre et cette bourse qui me revenait. Tu n'en es pas moins le maître de choisir entre ces deux lots

CHARLES. Eh non, mon ami! je suis content.

ÉDOUARD. Je ne le suis pas encore, moi. J'ai laissé dans le buffet un gâteau dont la moitié m'appartient; je te le donnerai tout entier. Je cours le chercher.

Il s'éloigne.

CHARLES *veut courir après lui pour le rattraper.* Où vas-tu donc? ce n'est pas la peine.

ALEXIS, *l'arrêtant.* Laissez-le faire, monsieur Charles. (*A Edouard.*) Oui, va, va, mon ami.

SCÈNE X.

CHARLES, ALEXIS.

ALEXIS. Eh bien! Monsieur, convenez-en, Edouard est un garçon qui pense avec bien de la noblesse. Vous le voyez, sa promesse est pour lui plus que tout ce qu'il a de plus précieux. Au lieu de s'affliger du désavantage qu'il trouve dans vos conventions, il se fait un plaisir de surpasser votre attente et de combler votre joie.

CHARLES, *confus.* Est-il vrai? vous me faites rougir. Et je ne sais comment...

ALEXIS. Ce n'est pas votre faute si vos parents ne vous ont pas mieux traité cette année.

CHARLES, *en se détournant.* Le pauvre Edouard!

ALEXIS. Vous l'offensez par votre pitié. Il ne se trouve pas du tout à plaindre. C'est la honte de vous en imposer qui l'aurait rendu malheureux. Voyez toutes vos richesses, et réjouissez-vous.

SCÈNE XI.

EDOUARD, CHARLES, ALEXIS.

EDOUARD, *revenant avec un grand gâteau qu'il présente à Charles.* Tiens, voilà qui t'appartient par-dessus le marché.

CHARLES, *le repoussant d'une main, et de l'autre se cachant le visage.* Non, non; c'en est trop.

ÉDOUARD. Prends-le, je te le donne; et ne crois pas que ce soit par le remords de l'avoir célé quelque chose. Alexis peut t'en être garant.

ALEXIS, *en regardant fixement Charles.* Oui, je le suis à la face de tout l'univers. (*Charles s'essuie les yeux.*) Mais je crois que vous pleurez, monsieur Charles? Qu'avez-vous donc?

CHARLES. Rien, rien; si ce n'est que je suis un malheureux, qui... qui vous a trompé.

ÉDOUARD. Toi me tromper! Non, c'est impossible. Ne sommes-nous pas amis dès l'enfance, fils de bons voisins et de bons amis?

CHARLES. Et c'est ce qui me rend plus coupable. Je ne mérite pas que tu penses si noblement de moi. (*Il prend la main d'Édouard.*) Je puis cependant te montrer que je ne suis pas encore tout-à-fait indigne de ton estime. Il est bien vrai que je n'ai rien reçu de mon papa en bagatelles et en friandises; mais... mais... (*Il fouille dans sa poche.*) Voici trois louis que je lui ai demandés à la place, et qu'il m'a donnés. Tu le vois, j'étais un trompeur, tandis que tu étais si généreux à mon égard. Voici la moitié de mon argent. Il t'appartient de droit. Seulement, par pitié, pardonne-moi ma fourberie et reste mon ami.

ÉDOUARD, *lui sautant au cou.* Oh! toujours, toujours, toute ma vie! Comme tu me ravis de plaisir! non pas à cause de l'argent, car sûrement je ne le prendrai pas...

SCÈNE XII.

EDOUARD, CHARLES, ALEXIS, VICTORINE.

VICTORINE. Allons, vite, vite, qu'Alexis vienne trouver mon papa.

ALEXIS. O ma chère Victorine! ne pourrait-il attendre un moment? Ce serait me dérober un plaisir, un plaisir!

VICTORINE. Oui, de faire quelque nouvelle escroquerie à mon frère? Venez, venez; mon papa n'est pas fait pour vous attendre, je crois.

Elle le prend par la main et l'entraîne.

ÉDOUARD. Ma sœur, ma sœur! quelques minutes encore.

VICTORINE, *en se retournant d'un air moqueur.* Mon frère, mon frère! Non, cela n'est pas possible.

Elle sort avec Alexis.

SCÈNE XIII.

CHARLES, ÉDOUARD.

ÉDOUARD, *prenant la main de Charles.* O mon cher ami, que je suis touché de ce noble retour! Je n'étais pas en droit de l'espérer.

CHARLES. Comment! Lorsque tu me donnais la moitié de ton bien sans attendre rien de moi?

ÉDOUARD. Ah! ne me fais pas honneur de cette générosité. Tu ne sais pas tout ce qu'il m'en coûtait.

7

Non, jamais je n'aurais eu la force de tenir ma parole sans les encouragements d'Alexis.

CHARLES. Eh ! c'est à lui que je dois aussi le bonheur de n'avoir pas achevé ma fourberie. Il m'en a fait sentir si vivement l'indignité ! Lorsque ensuite je suis venu, et que j'ai vu combien de loyauté tu avais mis dans le partage...

ÉDOUARD. Moi, le partage ! C'est lui qui l'a fait. Je ne sais comment il a pu s'y prendre ; mais il me faisait trouver du plaisir à me dépouiller. Il y a pourtant bien des choses que j'ai ajoutées de moi-même. Je te donnais et je croyais m'enrichir.

CHARLES. Ah ! garde tout cela, je n'en veux plus. Que je me trouve heureux d'être débarrassé de ce poids ! Toi, mon meilleur ami, je n'aurais plus osé te regarder en face. J'étais loin de croire qu'on eût tant à souffrir pour devenir un malhonnête homme.

ÉDOUARD. Et moi donc, comme j'étais tourmenté ! Je sens bien maintenant le plaisir d'avoir été généreux. Voilà cependant ce que nous devons à l'honnête Alexis ! Si pauvre, avoir tant de droiture ! N'est-ce pas qu'il n'a rien exigé de toi pour te découvrir mes richesses ?

CHARLES. Lui, mon cher Edouard ! D'où te viendrait ce vilain soupçon ?

ÉDOUARD. C'est ma sœur qui, par jalousie, voulait me le faire accroire.

CHARLES. Ah ! si tu l'avais entendu parler de toi ! Comme il soutenait ton parti ! j'ai eu besoin de toute mon adresse pour le faire jaser. Oui, dès ce

moment il vient d'acquérir mon estime pour toute
sa vie, et je veux lui donner l'autre moitié qui me
reste de mes trois louis.

ÉDOUARD. Non, Charles. C'est à moi de le récompenser,
et j'en sais le moyen. Garde ton argent, avec la
moitié qui te reste de mes étrennes.

CHARLES. Que dis-tu? Moi! jamais. Tiens, plutôt, don-
nons-lui tout ce qui devait entrer dans notre
échange. Nous avons mérité de le perdre, et lui
de le gagner.

ÉDOUARD. Oh! de tout mon cœur! Sais-tu ce qu'il faut
faire? Nous pouvons nous donner bien du plaisir.
Je vais faire porter tout cela chez lui, pour qu'il le
trouve à son retour.

CHARLES. Bien, bien! pourvu qu'il n'aille pas revenir
assez tôt pour nous en empêcher.

ÉDOUARD. Je vais appeler un domestique. Toi, range
tout dans cette corbeille. Je reviens comme l'é-
clair.

Il sort en courant.

SCÈNE XIV.

CHARLES, *seul, en remplissant la corbeille.*

Ce brave Alexis, comme nous allons le rendre content!
et je serai de moitié dans la joie qu'il va goûter!
Ah! je ne la céderais pas pour dix fois toutes ces
jolies étrennes. Qui m'eût dit que j'aurais encore
plus de plaisir à lui donner tout ce que j'ai tant
désiré qu'à le garder pour moi? Je voudrais être

mon papa pour l'enrichir. Grâce à lui, je sens à présent qu'être juste et honnête, c'est être plus heureux que de posséder les plus grands biens.

SCÈNE XV.

EDOUARD, CHARLES, COMTOIS.

ÉDOUARD, *à Comtois qui le suit.* Entrez, entrez, Comtois (*Il ferme la porte au verrou.*) C'est pour une corbeille que vous me ferez le plaisir de porter chez Alexis.

COMTOIS. Oh! de grand cœur, Monsieur. Nous aimons tous cet excellent jeune homme.

ÉDOUARD, *à Charles.* As-tu fini, mon ami?

CHARLES. J'aurai bientôt fait. Il ne reste plus que les porcelaines, que je vais mettre par-dessus, pour qu'elles ne soient pas endommagées.

ÉDOUARD. C'est bien pensé; mais dépêche-toi, de peur qu'il n'arrive.

CHARLES. Voilà qui est fini.

ÉDOUARD, *à Comtois.* Bon! vous n'avez qu'à prendre la corbeille et la porter secrètement où je vous ai dit. Allez-y, je vous prie, tout de ce pas, et prenez bien garde à ne rien casser.

CHARLES. Attends donc; voici les trente-six francs qui lui reviennent de ma part. Il faut que je les enveloppe dans un morceau de papier, et je les mettrai dans la bourse de jetons. (*On entend la voix d'Alexis qui frappe à la porte et qui dit :*) Ouvrez, ouvrez; c'est moi.

ÉDOUARD. O mon Dieu! qu'allons-nous faire? (*En se retournant vers la porte.*) Un moment, Alexis, je vais l'ouvrir.

CHARLES, *mettant l'argent à demi enveloppé dans la main de Comtois.* Tenez, vous glisserez ceci dans la corbeille.

ÉDOUARD, *en lui présentant la corbeille.* Prenez-la sous le bras, et tenez-vous caché dans un coin.

CHARLES. Oui, oui, tout contre la muraille; et vous tâcherez de vous esquiver sans qu'il vous voie.

COMTOIS. Laissez-moi faire.

ALEXIS, *de derrière la porte.* Eh bien! m'ouvrirez-vous? Edouard, ton papa me suit de près.

ÉDOUARD, *à Charles.* Je peux lui ouvrir maintenant?

CHARLES. Oui; c'est fait.

Il fait un signe à Comtois de ne pas faire de bruit.

SCÈNE XVI.

EDOUARD, CHARLES, ALEXIS, COMTOIS.

ÉDOUARD, *ouvrant la porte à Alexis.* Je te demande pardon, mon cher ami, de t'avoir fait attendre; c'est que nous étions occupés.

Il le prend par la main et se place de manière à lui cacher la corbeille et Comtois.

ALEXIS. Et à quoi donc? (*Il surprend Charles qui fait signe à Comtois de sortir.*) A qui en veut-il avec ses mines? (*Il se retourne et aperçoit le domestique.*) Ha ha! qu'est-ce qu'il porte là?

Il va vers lui et veut regarder dans la corbeille.

COMTOIS, *lui retenant le bras.* Doucement, monsieur
Alexis; c'est un secret.

ALEXIS. Comment! du mystère?

COMTOIS. Vous l'apprendrez tantôt chez vous.

ALEXIS, *l'arrêtant* Je veux le savoir en ce moment. Ah!
si j'avais deviné! Me feriez-vous cet outrage, mes
chers amis?

EDOUARD. Qu'appelles-tu un outrage? C'est le faible
prix du service que tu viens de nous rendre. (*Il
prend la corbeille et la lui présente.*) Oui, mon cher
Alexis, tout cela est à toi.

CHARLES, *lui présentant aussi le paquet d'argent que Comtois lui remet.* Et ceci encore...

Alexis le repousse. Charles le jette dans la corbeille qu'Edouard
continue de lui offrir.

ALEXIS. Que faites-vous? Non, non, jamais.

EDOUARD. Je le veux.

CHARLES. Je vous le demande en grâce. Soyez seulement mon ami, comme vous l'êtes d'Edouard.

COMTOIS. Si j'osais joindre ma prière à celle de ces messieurs? Vous leur feriez trop de peine de les refuser. Je voudrais bien avoir comme eux la liberté
de vous offrir aussi mon présent. Il serait petit,
mais je vous le donnerais de bon cœur. Vous êtes
béni dans toute la maison.

ALEXIS. O mon cher Edouard! mon généreux Charles!
(*Il les embrasse.*) Et vous, mon brave Comtois! (*en
ees regardant d'un air attendri*) vous me faites pleurer d'admiration et de plaisir. Mais votre bon cœur
vous conduit trop loin. Je n'ai point mérité ce que

vous faites pour moi : je ne l'accepterai jamais.

ÉDOUARD. Veux-tu me chagriner?

CHARLES. Est-ce que vous ne voulez point de mon
amitié?

SCÈNE XVII.

M. DUFRESNE, EDOUARD, CHARLES, COMTOIS.

M. DUFRESNE, *qui est entré depuis un moment à l'improviste, et s'est arrêté pour jouir de ce spectacle, lève
ses mains et ses regards vers le ciel; ensuite il s'a-
vance, comme s'il n'avait rien entendu, et dit :* Eh
bien! vous trouverai-je toujours en querelle?

ÉDOUARD, *courant à lui.* Ah! mon papa! venez nous accorder. Alexis nous traite bien durement. Il m'a
rendu fidèle à ma parole...

CHARLES. Il me rend à l'honneur...

ÉDOUARD. Et il méprise notre reconnaissance.

ALEXIS, *se jetant dans les bras de M. Dufresne.* O mon
digne protecteur, mon second père! sauvez-moi,
sauvez-moi de leur générosité. Je viens de me
justifier auprès de vous de la méfiance qu'on voulait vous inspirer sur mon compte, et j'irais maintenant me démentir! Non, non; je me rendrais
suspect à moi-même de n'avoir agi que par intérêt. Ne me laissez pas corrompre, je vous en conjure.

M. DUFRESNE. Mes chers enfants, que vous me ravis-
sez! Non, mon brave Alexis, ces présents ne sont
rien pour payer tant de délicatesse et de désinté-

ressement. Je vais mettre fin à ce noble démêlé.
(*A Edouard et à Charles.*) Que chacun de vous
garde ce qui lui appartient. Je prends sur moi votre reconnaissance.

ÉDOUARD. Ah! mon papa! de quel plaisir voulez-vous
me priver!

CHARLES. Vous me punissez, Monsieur, comme je le
méritais peut-être tout-à-l'heure; mais vous êtes
témoin de mon changement. Ah! par pitié, daignez
vous joindre à moi pour obtenir d'Alexis...

ALEXIS, *à M. Dufresne*. Non, non; de grâce, ne m'y
contraignez point.

M. DUFRESNE. Je l'exige de toi, mon ami. Il n'y aurait
que de l'orgueil et de la dureté à lui dérober le
plaisir de faire du bien, dont tu viens de lui faire
goûter, peut-être pour la première fois, la douce
jouissance. Prends cet argent, et donne-le à ta
mère, qui t'a inspiré une si noble façon de penser.

ALEXIS. Vous m'y forcez, Monsieur; je vous obéis. Oh!
quelle joie pour elle! Mais, au moins, qu'Edouard
garde ses présents.

M. DUFRESNE, *tirant sa bourse*. Eh bien! qu'il les re-
prenne pour les partager avec son ami. Je les ra-
chète en son nom pour ces trois louis d'or.

ALEXIS. Ah! mon cher monsieur Dufresne! arrêtez,
arrêtez! Je ne sais, tant je suis pénétré de joie et
de reconnaissance... Ma pauvre mère! il y a bien
longtemps qu'elle ne se sera vue aussi riche! O
mes bons amis!

Il embrasse Edouard et Charles sans pouvoir leur parler.

M. DUFRESNE, *à Edouard*. Mon fils, je te dois aussi une récompense pour ta docilité à suivre les nobles conseils d'Alexis.

ÉDOUARD. Eh! mon papa! comment pouvez-vous me récompenser mieux que par ce que vous faites envers lui?

M. DUFRESNE. Ce n'est rien encore. Il n'a été jusqu'ici que le compagnon de tes plaisirs; je veux qu'il le soit de tes exercices et de tes études. Je ne mettrai point de différence dans votre éducation.

ÉDOUARD. Oh! comme je vais profiter près de lui!

ALEXIS, *se jetant aux genoux de M. Dufresne*. Voulez-vous me faire mourir de l'excès de vos bontés?

M. DUFRESNE, *le relevant*. Non, je veux que tu vives pour aimer mon fils comme j'aimais ton père.

CHARLES. Laissez-moi aussi prendre part à votre amitié. Je commence à ne pas m'en croire tout-à-fait indigne, et je le dois à vos exemples.

M. DUFRESNE. Oui, mes amis, tel est l'empire de la vertu, d'élever jusqu'à elle tout ce qui l'approche. Vivez toujours unis, pour vous fortifier dans la droiture et dans l'honneur; et soyez hommes ce que vous êtes enfants.

L'ÉCOLE MILITAIRE.

PERSONNAGES.

LE GOUVERNEUR } de l'École.   EDOUARD DE BELLECOMBE
LE DIRECTEUR   }   ROGER.
EUGÈNE, fils du gouverneur.   THÉODORE.

La scène se passe dans l'appartement du gouverneur.

SCÈNE PREMIÈRE.

LE GOUVERNEUR, LE DIRECTEUR.

Le gouverneur travaille, assis devant un bureau.

LE DIRECTEUR, *frappant à la porte et l'entr'ouvrant.* Monsieur le gouverneur, oserais-je vous interrompre pour un moment?

LE GOUVERNEUR. Entrez, Monsieur; vous savez que toutes mes heures appartiennent aux devoirs de ma place.

LE DIRECTEUR. Je viens vous instruire d'une chose assez étrange, qui se passe depuis quelques jours dans l'ecole.

LE GOUVERNEUR. Qu'est-ce donc, je vous prie? vous m'effrayez.

LE DIRECTEUR. Rassurez-vous, Monsieur. Mon rapport doit vous inspirer plus d'intérêt que d'alarmes. Que pensez-vous de notre dernier élève, le jeune Edouard de Bellecombe?

LE GOUVERNEUR. Depuis dix jours qu'il est ici, je n'ai

pas encore eu le temps de le connaître. Tout ce
que je puis en dire, c'est que lorsqu'on me l'a présenté, j'ai remarqué dans sa physionomie un caractère de noblesse et d'élévation qui m'a prévenu
en sa faveur. Est-ce que ses maîtres seraient mé-
contents de lui?

LE DIRECTEUR. Bien au contraire. Ils donnent tous les
plus grands éloges à son assiduité. La justesse et
la force de son esprit les étonnent. Il est cru ici
plus instruit que la plupart des élèves ne le sont
après trois ans d'études. Il n'y a que ses camarades et moi qui pourrions avoir quelque sujet de
nous plaindre de sa conduite.

LE GOUVERNEUR. Comment, vous, Monsieur? J'en suis
affligé.

LE DIRECTEUR. Je le suis moins pour moi que pour lui-
même. Je ne sais ce qui se passe dans son cœur;
mais il faut qu'un sentiment profond l'occupe tout
entier. J'ai employé mille efforts pour le découvrir.
Ma pénétration se trouve toujours en défaut.

LE GOUVERNEUR. Pourrais-je vous demander sur quoi
portent vos observations?

LE DIRECTEUR. Le voici, Monsieur. Il est très ardent à
l'étude, et rien ne peut le détourner de ses travaux. Mais dans les heures de relâche, il est froid,
sombre et silencieux au milieu de ses camarades.
J'en ai mis auprès de lui deux des plus éveillés
pour le réjouir. Il est sensible à leurs empresse-
ments; il y répond même avec politesse : mais
tout leur feu ne saurait l'échauffer. Il s'élève contre eux comme un mur de glace. Oui, non, Mes-

sieurs, et d'autres monosyllabes de ce genre, sont
toutes ses réponses à leurs questions.

LE GOUVERNEUR. Cette mélancolie est apparemment
une suite de la douleur qu'il a éprouvée en se sé-
parant de sa famille.

LE DIRECTEUR. C'est l'explication qui me paraît la plus
naturelle. Cependant voilà dix jours entiers qu'il
est dans cet état. Un enfant de douze ans est-il
susceptible d'une impression aussi durable ?

LE GOUVERNEUR. Oui; mais un enfant d'un aussi grand
caractère que sa physionomie l'annonce.

LE DIRECTEUR. N'importe ; si la sensibilité de cet âge
est vive, elle est aussi passagère. Depuis que je
suis dans cette école, j'ai vu tous ceux à qui leur
éloignement de la maison paternelle causait les
plus vifs regrets se prêter avec le plus de facilité
aux soins aimables que leurs camarades se donnent pour les distraire. Quoi qu'il en soit des sentiments d'Edouard pour ses parents, que diriez-
vous de ce qu'il me reste encore à vous apprendre
à son sujet?

LE GOUVERNEUR. Vous enflammez ma curiosité. Je n'attends rien de lui que d'extraordinaire.

LE DIRECTEUR. Croiriez-vous qu'il n'a voulu prendre
encore à ses repas qu'un peu de potage, du pain
sec et de l'eau? Un criminel ne peut être condamné
à des privations plus austères qu'Edouard ne s'en
impose de lui-même.

LE GOUVERNEUR. Que me dites-vous? Cet enfant aurait
dû naître à Sparte.

LE DIRECTEUR. D'accord: mais ici, où il ne faut affec-

ter aucune singularité, où l'apprentissage d'un
militaire est de se soumettre aveuglément à la su-
bordination générale, j'ai craint que son exemple
ne pût avoir quelque danger pour les autres. Dix
fois j'ai voulu l'engager ou le contraindre à manger de ce qui lui était présenté. Il ne répondait à
mes instances ou à mes ordres qu'en tournant vers
moi des yeux baignés de larmes si touchantes.....
(*Il se détourne.*) Pardonnez, Monsieur, je crois que
je pleure moi-même.

LE GOUVERNEUR. Je me sens aussi tout ému de votre
récit. Cependant cette désobéissance est coupable, et ne doit pas demeurer impunie. S'il s'y obs-
tine davantage, quel qu'en soit le motif, il ne peut
pas rester dans cette maison. Le premier fonde-
ment d'une école militaire est la soumission la
plus exacte aux ordres des maîtres et des supé-
rieurs.

LE DIRECTEUR. Voilà ce que je craignais, et ce qui m'a
fait différer si longtemps de vous instruire. J'es-
pérais vaincre sa résolution; mais je l'ai trouvée
aussi ferme que son cœur est impénétrable.

LE GOUVERNEUR. Je veux le sonder moi-même. Si je
puis le porter à une confidence, je suis persuadé
qu'elle me dédommagera de la peine que j'aurai
prise à l'obtenir.

LE DIRECTEUR. Les prières, les menaces, l'adresse, j'ai
tout employé vainement contre lui. Je doute que
vos tentatives aient plus de succès, quoique je le
désire avec ardeur. Je crois sentir que je vous en
devrai de la reconnaissance.

LE GOUVERNEUR. Je veux d'abord interroger les deux élèves que vous lui avez attachés plus particulièrement. Peut-être seront-ils en état de me fournir quelques lumières. Qui sont-ils?

LE DIRECTEUR. Roger et Théodore. Mais M. Eugène, votre fils, pourrait encore mieux vous instruire.

LE GOUVERNEUR. Comment! est-ce qu'Edouard l'a intéressé?

LE DIRECTEUR. Il s'en occupe, je crois, plus que de lui-même. J'ai observé qu'il l'étudiait en silence. Il ne vous a donc pas encore entretenu?

LE GOUVERNEUR. Non; mais je lui sais bon gré de son attention. Elle m'annonce une sympathie secrète avec le caractère qui l'a frappé. Vous me feriez plaisir, Monsieur, de me les amener tous les trois.

LE DIRECTEUR. J'aime mieux vous les envoyer; ma présence les gênerait peut-être. Vous en serez plus libre avec eux.

LE GOUVERNEUR. Vous avez raison. Je vous serais également obligé de me faire venir Edouard aussitôt qu'ils seront sortis.

Le Directeur sort. Le Gouverneur le reconduit jusqu'à la porte

SCÈNE II.

LE GOUVERNEUR, EUGÈNE son fils, ROGER, THÉODORE.

EUGÈNE. Me voici, mon papa; M. le directeur vient de me dire que vous me demandiez avec Roger et Théodore.

LE GOUVERNEUR. Oui, mon fils. Je serais bien aise d'a
voir un petit moment d'entretien avec ces messieurs et avec toi.

ROGER et THÉODORE. C'est beaucoup d'honneur pour
nous.

EUGÈNE. Pour moi aussi, et du plaisir encore.

LE GOUVERNEUR, à *Roger et à Théodore*. Il m'est revenu
que vous n'étiez guère satisfaits du nouveau camarade qu'on vous a donné.

ROGER. S'il faut l'avouer, il n'est pas trop goguenard,
ce monsieur de... Eh bien! donc, comment se nom-
me-t-il à présent?

THÉODORE. Il nous a parlé si peu, si peu, que je ne sais
plus comment il s'appelle.

EUGÈNE. Edouard de Bellecombe, Messieurs. Et je le
crois encore meilleur à connaître que son nom.

ROGER. Edouard, à la bonne heure. Edouard le muet?

EUGÈNE. O mon papa! pouvez-vous souffrir qu'on l'in-
jurie!

LE GOUVERNEUR. Monsieur Roger, qui vous a permis de
distribuer des épithètes à vos camarades?

ROGER. Puisqu'il ne lâche pas trois mots en deux heures. Quand il nous viendrait de la lune, je n'en
serais pas étonné. On ne doit pas y dire grand'-
chose. Elle a l'air si taciturne et si pâle! Il ne dé-
mentirait pas son pays.

LE GOUVERNEUR. Son silence et son teint doivent-ils
vous inspirer de la haine?

ROGER. Je ne suis pas son ennemi, tant s'en faut;
mais je ne saurais être son ami, puisqu'il ne parle
pas et qu'il n'est pas amusant.

THÉODORE. On a bien assez de la longueur de la nuit pour se taire. Le jour n'est fait que pour rire, causer et se divertir.

ROGER. Faut-il que je m'ennuie, parce qu'il prend du plaisir à s'ennuyer?

EUGÈNE. Ah! ce n'est pas de l'ennui, c'est de la peine.

ROGER. Eh bien! n'avons-nous pas cherché à le consoler de notre mieux? Bon! plus nous faisions de singeries, plus il gagnait de tristesse. Nous avons fini par le planter là dans nos récréations. Malheureusement nous le retrouvons à table; et il y fait une mine à nous faire rentrer la faim dans l'estomac.

LE GOUVERNEUR. Est-ce qu'il se sert d'une manière dégoûtante?

ROGER. Il faudrait qu'il fût bien maladroit. Il ne mange que du pain et ne boit que de l'eau.

THÉODORE. Il fait le délicat pour nous donner à croire qu'il avait une table de prince dans sa maison.

EUGÈNE. Vous ne le connaissez guère, si vous croyez que c'est par orgueil. Je l'examinais l'autre jour quand M. le directeur voulait lui servir d'un plat assez friand, et je voyais, quoiqu'il baissât la tête, de grosses larmes qui roulaient dans ses yeux.

LE GOUVERNEUR. Que me dis-tu, mon fils?

ROGER. Oui, il pleurniche quelquefois. Si don Quichotte revenait au monde, il faudrait qu'ils se battissent ensemble pour savoir à qui resterait le surnom de *Chevalier de la Triste Figure.*

LE GOUVERNEUR. Avez-vous le cœur de faire des plaisanteries sur son chagrin?

ROGER. C'est qu'il finirait par nous le faire prendre. Il est fâcheux de voir faire une si mauvaise contenance dans un repas. Cela vous rassasie. Tenez, parlez-moi de Théodore. Nous vous donnerions de l'appétit à nous voir manger.

LE GOUVERNEUR. Vous verriez donc sans regret Edouard s'éloigner de votre table ?

ROGER. Oh ! Monsieur, d'un grand cœur, s'il ne devient pas un peu plus gai.

EUGÈNE. Eh bien! mon papa, faites-le mettre à la mienne. Je serais si content de l'avoir auprès de moi! J'aurai bien soin de lui.

LE GOUVERNEUR. Tu ne crains donc pas sa tristesse, comme ces messieurs?

EUGÈNE. Sûrement, je souffrirais de le voir chagrin; mais je lui ferais tant d'amitiés ! Il ne serait peut-être pas si malheureux, s'il voyait qu'on est touché de sa peine.

LE GOUVERNEUR. Aucun de vous ne sait-il d'où vient cette mélancolie ?

THÉODORE. Je n'ai pas songé à m'en informer.

ROGER. A quoi bon vouloir apprendre des choses qui nous attristent?

LE GOUVERNEUR. Et toi, mon fils, n'en es-tu pas mieux instruit ?

EUGÈNE. Hélas! non, mon papa. J'aurais bien désiré savoir son secret, pour le soulager, s'il était en mon pouvoir. Trois fois je l'ai prié de me le dire, mais je n'ai pas osé le presser davantage, quand j'ai vu qu'il voulait le garder dans son cœur. Sans doute qu'il ne me croit pas encore assez son ami pour m'en faire part. C'est à moi de le mériter par mes services.

LE GOUVERNEUR. Mais pourquoi ne m'en as-tu pas encore parlé?

EUGÈNE. C'est que vous auriez peut-être exigé qu'il suivît la manière de vivre des autres, et vous l'auriez réprimandé s'il n'avait pu vous obéir. Vous m'avez accordé la permission de vivre avec les élèves de l'école. Je n'irai point trahir mes camarades par des rapports. Quand il se passera quelque chose qui ne mérite que des louanges, n'ayez pas peur, je ne vous le laisserai pas ignorer.

LE GOUVERNEUR, *embrassant son fils.* Je n'en attendais pas moins de toi, mon cher Eugène. Ta délicatesse me ravit. (*A Roger et à Théodore.*) Je suis fâché, Messieurs, de ne pouvoir donner les mêmes éloges à votre conduite. J'aurais souhaité que vous eussiez témoigné plus d'égards et d'intérêt au jeune Edouard, en le voyant dans la tristesse. Allez, retournez à vos amusements. Il serait dommage de les interrompre. Si votre caractère vous préserve de quelques peines, je crains bien qu'il ne vous empêche de goûter les plaisirs les plus doux pour un cœur sensible et généreux.

SCÈNE III.

LE GOUVERNEUR, EUGÈNE.

LE GOUVERNEUR. C'est toi qui es digne de les goûter, O mon fils, ces plaisirs si purs et si touchants!

Que j'aime à te voir cette douce compassion pour
les peines des infortunés!

EUGÈNE. Ah! mon papa, comment s'empêcher de plaindre ce pauvre Edouard! Sa pâleur, sa tristesse,
tout annonce qu'il a dans le cœur un violent chagrin. Si jeune, et déjà souffrir! Je le fuyais, comme
les autres, dans le commencement. Je le croyais
dédaigneux et sauvage. Mais quand j'ai vu sa constance et sa fermeté, sa douceur et sa politesse, je
me suis senti entraîné vers lui. Peu à peu je lui ai
donné toute mon amitié, et je crois que je m'esti-
merais davantage si je pouvais mériter la sienne.

LE GOUVERNEUR. Comment, Eugène? d'où pourrait
naître un attachement si singulier?

EUGÈNE. Je ne saurais vous le dire; mais vous le sen-
tirez vous-même lorsque vous lui parlerez. Oui,
je voudrais qu'il fût mon frère. Je n'aurais à craindre que de vous voir l'aimer bientôt plus que
moi.

LE GOUVERNEUR. Il va se rendre ici. Je verrai s'il est
digne d'inspirer de si vifs sentiments. Je souhaite
de tout mon cœur que tu ne sois pas trompé dans
tes idées, et, s'il en est ainsi, je te promets... Mais
on frappe. Passe dans mon appartement jusqu'à
ce que je t'appelle.

Eugène sort. Le gouverneur se lève et va ouvrir la porte.
Édouard, après s'être incliné, se présente avec une conte-
nance noble et respectueuse. Le gouverneur s'assied.
Édouard se tient debout devant lui.

SCÈNE IV.

LE GOUVERNEUR, EDOUARD.

LE GOUVERNEUR. Savez-vous, monsieur de Bellecombc, pourquoi j'ai désiré de vous entretenir?

EDOUARD. Oui, Monsieur; je crains de l'avoir deviné.

LE GOUVERNEUR. Il est donc vrai que vous semblez dédaigner la société de vos camarades, et que vous troublez leurs plaisirs par une humeur et une bizarerie sans exemple à votre âge?

EDOUARD. J'oserai vous dire avec respect, Monsieur, que ce ne sont là ni mes sentiments ni mon intention.

LE GOUVERNEUR. On a pris soin de vous instruire des règles du repas, auxquelles tous les élèves doivent se conformer. Cependant vous ne vivez que de pain et d'eau.

EDOUARD. Il est vrai, Monsieur; je ne désire rien davantage.

LE GOUVERNEUR. M. le directeur vous a fait des représentations, et vous avez continué votre manière de vivre.

EDOUARD. Oui, Monsieur.

LE GOUVERNEUR. Croyez-vous en cela vous être bien conduit?

EDOUARD. Non pas à vos yeux, je l'avoue.

LE GOUVERNEUR. Il vous est donc indifférent de vous comporter bien ou mal dans mon opinion?

EDOUARD. Aussi peu que de recevoir vos louanges et

vos reproches. Je sens tous ceux que vous êtes en
droit de me faire. Je m'en suis fait de plus vifs
peut-être. Il ne m'a pas été possible d'y céder. Le
ciel m'est témoin cependant que je ne suis pas
coupable.

LE GOUVERNEUR. Je veux croire que vous êtes persuadé
de votre innocence au fond de votre cœur. Cette
fermeté m'annonce même que vous avez de très
bonnes raisons pour vous justifier. N'avez-vou
rien à me dire?

ÉDOUARD. Rien, Monsieur.

LE GOUVERNEUR. Mais vous devez savoir que la désobéissance est d'un mauvais exemple, même quand
vos motifs l'excuseraient dans votre esprit.

ÉDOUARD. J'ai eu l'honneur de vous le dire moi-
même.

LE GOUVERNEUR. Qu'on ne vous l'a tolérée que dans
l'espoir de votre repentir.

ÉDOUARD. Ah! je n'en aurai jamais.

LE GOUVERNEUR. Enfin, que vous avez encouru, par votre opiniâtreté, la plus grave punition.

EDOUARD. Me voilà prêt à la subir.

LE GOUVERNEUR. Et ne l'êtes-vous pas à changer?

EDOUARD. Il m'est impossible, Monsieur.

LE GOUVERNEUR. Je vois avec regret qu'il m'est impossible à moi-même de vous garder un moment de
plus dans cette école; le roi n'y veut point d'exemple de rébellion.

EDOUARD. Que deviendrai-je donc, malheureux que
je suis! Voulez-vous que je sois un fardeau pour
ma famille, un objet de honte pour moi et de mé-

pris pour les autres? O mon Dieu! vous savez si je
l'ai mérité!

LE GOUVERNEUR, *attendri*. Si vous l'avez mérité! quand
vous ne me donnez aucune confiance. Edouard,
pourriez-vous taire votre secret à votre père? je
remplis ici les fonctions d'un père envers vous, et
vous ne voulez pas remplir les devoirs d'un fils
envers moi?

EDOUARD. Oh! si vous me prenez par ces sentiments,
monsieur le gouverneur, vous êtes maître de tout
ce que je sais. Je puis résister à vos menaces, mais
non à votre amitié. Oui, je vous ouvrirai mon cœur.
Vous y verrez, comme Dieu même, ce que je
souffre.

LE GOUVERNEUR. Je viens donc de me gagner un fils!

EDOUARD, *se précipitant dans ses bras*. Vous voulez
être mon second père?

LE GOUVERNEUR. Oui, mon cher Edouard; ne m'appelez
plus que de ce nom.

EDOUARD, *lui prenant la main*. Eh bien! mon cher père,
j'en ai un autre qui est pauvre, si pauvre, qu'il
ne vit que de pain et d'eau. Ma mère, qui se
meurt, n'a pas une meilleure nourriture. Nous
n'en connaissons point d'autre, cinq enfants que
nous sommes, depuis que nous avons pris le lait
de maman. Et je pourrais me livrer à la gourmandise, lorsque mon père, ma mère, mes frères et
mes sœurs n'ont pas toujours un morceau de pain
trempé de leurs larmes! Non, non, plutôt mourir
de faim. Je suis de Bellecombe, et jamais de ce nom
il n'y a eu un fils indigne de son père.

LE GOUVERNETÉ. Quoi! personne ne s'est intéressé pour votre famille?

EDOUARD. Personne. Mon père est pauvre, après avoir servi quinze ans avec honneur, après avoir consumé la plus grande partie de son bien au service, et le reste à solliciter inutilement une pension. Il est d'un sang noble, et il nous voit tous manquer des premiers soins. La veille de mon départ, je lui entendais raconter l'histoire du comte Ugolino, renfermé dans une tour avec ses enfants, pour y mourir de faim. Depuis ce moment, cette histoire est toujours dans mon esprit. Je crois entendre sans cesse les cloches de mort qui sonnent les funérailles de mon père, de ma mère, de mes frères et de mes sœurs. Et l'on veut que je me réjouisse, lorsque mon cœur est noyé dans les larmes! On veut que je mange un meilleur morceau que mon père n'en a mangé depuis treize ans! Si j'étais assez lâche, je ne m'appellerais plus Edouard de Bellecombe. Tant que mon père sera malheureux, dans quelque coin de la terre que je sois jeté, rien ne m'empêchera de supporter la même douleur que lui. Plus haut que sur cette terre est le ciel; et sur ce roi qui laisse mourir mon père de faim, il règne un Dieu qui nous vengera.

LE GOUVERNEUR. Que dites-vous, mon ami? Croyez que le prince ignore votre situation, qu'il l'aurait adoucie s'il en était instruit. J'irai auprès de lui, je la lui ferai connaître, et comptez sur sa justice. Mon cher Edouard, pourquoi ne m'avoir pas coufié d'abord votre secret? vous auriez épargné dix jours de souffrances à votre famille.

EDOUVRD. Vous croyez donc que je l'aurais sauvée, si jeune que je suis?

LE GOUVERNEUR. Vous êtes aujourd'hui son salut, et j'espère que vous serez sa gloire dans l'âge de l'honneur. Généreux enfant! que ne suis-je véritablement votre père!

EDOUARD. Oh! c'est comme si vous l'étiez, par ma reconnaissance et par mon amour. Regardez-moi seulement comme votre fils.

LE GOUVERNEUR, *lui serrant la main et le regardant avec tendresse.* Mon fils Edouard!

EDOUARD. Oui, je le suis. Vous êtes le père de toute ma famille. Grâce à vous, elle pourra connaître la joie sur la terre. Mais nous avons été si longtemps malheureux! Je n'ose espérer encore...

LE GOUVERNEUR. Espérer, mon fils? ce serait un affront pour moi d'en douter. J'y engage mon honneur et ma place. Quatre cents écus de pension pour M. de Bellecombe, et cent écus pour vous. (*En allant vers son bureau.*) Edouard, en voici d'avance, au nom du roi, le premier quartier.

EDOUARD, *l'arrêtant.* A moi? à moi? qu'en ai-je besoin? Envoyez tout à mon père. Qu'il s'en serve pour mes frères et pour mes sœurs.

LE GOUVERNEUR. Il saura qu'il les tient de vous. Mon cher Edouard, vous ne vivrez donc plus de pain et d'eau?

EDOUARD. Puisque mon père n'y sera plus réduit!

LE GOUVERNEUR. Vous serez joyeux avec vos camarades?

EDOUARD. Puisque mon père sera joyeux avec sa femme et ses enfants!

LE GOUVERNEUR. Eh bien! allez, courez leur écrire. Je vais m'habiller, et partir pour la cour. Je verrai le ministre ce matin même.

EDOUARD. O Monsieur! comment rassembler toutes mes forces pour vous remercier selon mon cœur?

LE GOUVERNEUR, *en souriant*. Monsieur?... Edouard, vous oubliez déjà que vous êtes mon fils?

EDOUARD, *se jetant à ses genoux et les embrassant*. Mon père! mon père! pardonnez. Je suis hors de moi.

LE GOUVERNEUR *le relève, le serre dans ses bras, et le conduit doucement vers la porte*. Allez, allez, laissez-moi seul. J'ai besoin autant que vous de me remettre un moment.

EDOUARD. Je serai bientôt de retour avec ma lettre; il faut que vous la voyiez; mon père, ne partez pas, je vous prie, sans que je vous aie encore embrassé.

LE GOUVERNEUR. Non, mon fils, je ne me refuserai pas ce plaisir à moi-même. Courez, je vous attends.

Edouard sort avec précipitation. — Le Directeur entre.

SCÈNE V.

LE GOUVERNEUR, LE DIRECTEUR.

LE GOUVERNEUR. Qu'est-ce donc, Monsieur? Vous êtes dans une aussi grande agitation qu'Edouard. Il vient de passer devant moi, courant d'un air égaré de plaisir. Il ne me voyait pas; il n'était plus sur

8

la terre. Ses yeux rayonnaient d'une joie céleste
au milieu de ses larmes. Je l'ai appelé, il était
déjà loin.

LE GOUVERNEUR. J'aurais voulu que vous eussiez été
témoin de la scène qui s'est passée entre nous
deux. C'est un de ces moments qu'on ne retrouve
jamais une seconde fois dans sa vie.

LE DIRECTEUR. Votre espérance n'est donc pas trom-
pée? Vous l'avez emporté? Vous savez son secret?

LE GOUVERNEUR. Qu'il m'a fallu combattre pour l'obtenir! Que j'avais de peine à le tourmenter, et qu'il
me résistait noblement! Combien sa désobéissance doit l'honorer aux yeux de tous les hommes!

LE DIRECTEUR. Je l'avais pressenti, sans pouvoir r...
l'expliquer à moi-même.

LE GOUVERNEUR. Et qui aurait pu deviner ce généreux
excès de tendresse et de constance? C'est pour
ne pas vivre plus heureusement que son père
qu'il s'imposait de cruelles privations. C'est loin
de ses regards qu'il les supportait, et sans l'espoir qu'elles pussent les soulager. Que pensez-
vous d'un tel enfant? Que pensez-vous d'un père
qui, dans le sein du malheur, a su lui former une
âme aussi grande? Quelle douce jouissance pour
un prince d'avoir de pareilles vertus à récompenser dans ses Etats! Monsieur le directeur, je suis
fier de l'emploi glorieux qu'il m'a confié, d'élever
sa jeune noblesse; mais j'en sais un qui flatterait
bien davantage mon ambition: ce serait de lui
rendre compte de toutes les belles actions de ses

sujets, et de les lui raconter en présence de son fils. Je croirais élever son trône à une hauteur d'où il pourrait voir tous les gens de bien de son empire, et où tous les gens de bien pourraient le voir applaudir à leurs vertus et les encourager. C'est ainsi que, sans les dignes apothéoses de la flatterie, un prince serait vraiment un Dieu sur la terre.

LE DIRECTEUR. Le nôtre est digne que vous l'enflammiez par ce noble enthousiasme en faveur d'une famille infortunée.

LE GOUVERNEUR. Ce seraient les premiers malheureux dignes de ses bienfaits qu'il n'aurait pas secourus. J'ai cru devoir en donner l'assurance au jeune Edouard. Qu'il m'en a témoigné une vive reconnaissance! Nous nous sommes donné les noms de père et fils ; et je crois que nous en éprouvions les véritables sentiments. Mais il me semble l'entendre venir. Entrez dans cet appartement, vous y trouverez Eugène. Je ne tarderai pas à vous appeler l'un et l'autre. (*Edouard s'avance en courant.*) Oui, c'est lui. Quelle expression touchante anime sa physionomie!

SCÈNE VI.

LE GOUVERNEUR, EDOUARD.

EDOUARD, *se jetant dans les bras du gouverneur.* Mon père, voici ma lettre. Voyez.

LE GOUVERNEUR. Elle n'est pas cachetée, mon fils. Vous
voulez donc que je la lise ?

EDOUARD. Si je le veux ? Lisez, lisez. Elle est pleine de
vous.

LE GOUVERNEUR *lit :* « Mon papa, maman, mes frères,
» mes sœurs, rassemblez-vous pour écouter cette
» lettre. Oh ! si je pouvais vous la porter, vous la
» lire moi-même ! Mais j'y suis, je vous vois.
» Qu'avez-vous à pleurer ? Non, vous ne vivrez
» plus de pain, d'eau et de larmes. Il y a donc sur
» la terre des âmes généreuses comme dans le
» ciel ! Vous ne vouliez pas le croire ; et voilà
» pourtant celle du gouverneur de notre école qui
» en est une. Oui, mon papa, souffrez que je l'ap-
» pelle mon père comme vous. Il est aussi le vô-
» tre ; c'est notre sauveur à tous. Il dit que le roi
» va vous accorder une pension de quinze cents
» livres pour nous élever. Tombez à genoux pour
» lui devant Dieu, comme j'y suis, comme j'y se-
» rai... »

(*Le gouverneur s'interrompt, et il voit Edouard à ge-
nou.x, les yeux et les bras élevés vers le ciel, et le
visage baigné d'un torrent de larmes. Il se baisse et
le relève.*) Que faites-vous, mon ami ?

EDOUARD. J'offre ma vie pour vous. Elle vous appartient.

LE GOUVERNEUR. Non, mon cher Edouard, gardez-la
pour la remplir d'actions honnêtes et vertueuses.
La mienne commence à tourner vers son déclin ;
mais vous pouvez la prolonger, en faire la joie et
la gloire.

EDOUARD, *avec feu.* Moi, mon père? Ah! s'il était en mon pouvoir! Hâtez-vous, parlez, dites par quel moyen.

LE GOUVERNEUR. Par votre amitié pour mon fils. (*Il court vers la porte de l'appartement.*) Eugène, venez embrasser votre frère.

SCÈNE VII.

LE GOUVERNEUR, LE DIRECTEUR, EDOUARD, EUGÈNE.

Les deux enfants se jettent dans les bras l'un de l'autre.

LE GOUVERNEUR. Edouard, il est digne des sentiments que je vous demande pour lui. Il vous aimait avant moi.

EDOURAD. J'ai bien vu qu'il était sensible à mes souffrances.

EUGÈNE. Ah! tu n'en auras plus que je ne les partage, n'est-ce pas, Edouard? Me le promets-tu?

EDOUARD, *lui prenant la main et la présentant avec la sienne au gouverneur.* Eh bien! Eugène, lions-nous ensemble dans la main de notre père. C'est entre nous à la vie et à la mort.

LE GOUVERNEUR. Oui, mes enfants, je reçois vos vœux, et je les consacre par ma bénédiction. Faites revivre ces jours brillants de notre histoire où les guerriers s'unissaient par tous les nœuds de l'honneur et de l'amitié. Que Gaston et Bayard soient vos modèles! Aimez-vous comme eux; servez comme eux votre roi, et mourez, s'il le faut, pour la patrie!

CLÉMENTINE ET MADELON.

Avant que le soleil s'élevât sur l'horizon pour éclai-
rer la plus belle matinée du printemps, la jeune Clémentine était descendue dans le jardin de son père,
afin de mieux goûter le plaisir de déjeuner en parcourant ses longues allées. Tout ce qui peut ajouter au
charme qu'on éprouve dans ces premières heures du
jour se réunissait pour elle en ce moment. Le souffle
pur du zéphir portait dans tous ses sens la fraîcheur
et le calme. Son goût était flatté de la douceur des
friandises qu'elle savourait; son œil, du tendre éclat
de la verdure renaissante; son odorat, du parfum bal-
samique de mille fleurs : et pour que son oreille ne
fût pas seule sans plaisirs, deux rossignols allèrent se
percher près de là sur le sommet d'un berceau de verdure pour la réjouir de leurs chansons de l'aurore.
Clémentine était si transportée de toutes ses sensations
délicieuses, que des larmes baignaient ses yeux, sans
s'échapper cependant de sa paupière. Son cœur, agité
d'une douce émotion, était pénétré de sentiments de
tendresse et de bienfaisance. Tout-à-coup elle fut in-
terrompue dans son agréable rêverie par le bruit des
pas d'une petite fille qui s'avançait vers la même allée,
en mordant, de grand appétit, dans un morceau de
pain bis.

Comme elle venait aussi dans le jardin pour se ré-
créer, ses regards erraient sans objet autour d'elle; on

sorte qu'elle arriva près de Clémentine sans l'avoir aperçue. Dès qu'elle la reconnut, elle s'arrêta tout court un moment, baissa les yeux vers la terre, puis comme une biche effarouchée, et non moins légère, elle retourna précipitamment sur ses pas. Arrête! arrête! lui cria Clémentine! attends-moi donc, attends-moi; pourquoi te sauver? Ces paroles faisaient fuir encore plus vite la petite sauvage.

Clémentine se mit à la poursuivre; mais, comme elle était moins exercée à la course, il ne lui fut pas possible de l'atteindre. Heureusement la petite fille avait pris un détour, et l'allée où se trouvait Clémentine allait directement aboutir à la porte du jardin. Clémentine, aussi avisée que jolie, se glisse doucement le long de la charmille épaisse qui formait la bordure de l'allée, et elle arrive au dernier buisson à l'instant même où la petite fille était prête à le dépasser. Elle la saisit à l'improviste, en lui criant : Te voilà ma prisonnière! Oh! je te tiens! il n'y a plus moyen de te sauver.

La petite fille se débattait pour se débarrasser de ses mains. Ne fais donc pas la méchante, lui dit Clémentine; si tu savais le bien que je te veux, tu ne serais pas si farouche. Viens, ma chère enfant, viens un moment avec moi. Ces paroles d'amitié, et plus encore le son flatteur de la voix qui les prononçait, rassurèrent la petite fille; et elle suivit Clémentine dans un cabinet de verdure voisin.

— As-tu encore ton père? lui dit Clémentine en l'obligeant de s'asseoir auprès d'elle.

MADELON. Oui, Mamselle.

CLÉMENTINE. Et que fait-il?

MADELON. Toute sorte de métiers pour gagner sa vie Il vient aujourd'hui travailler à votre jardin, et il m'a menée avec lui.

CLÉMENTINE. Ah! je le vois là-bas, dans le carré de laitues. C'est le gros Thomas. Mais que manges-tu à ton déjeuner? Voyons, que je goûte ton pain. Ah! mon Dieu! il me déchire le gosier. Pourquoi ton père ne t'en donne-t-il pas de meilleur?

MADELON. C'est qu'il n'a pas autant d'argent que votre papa.

CLÉMENTINE. Mais il en gagne par son travail; et il pourrait bien te donner du pain blanc, ou quelque chose pour faire passer celui-ci.

MADELON. Oui, si j'étais sa seule enfant; mais nous sommes cinq qui mangeons de bon appétit. Et puis l'un a besoin d'une camisole, l'autre d'une jacquette. Ça fait tourner la tête à mon père, qui dit quelquefois : J'aurai beau travailler, jamais je ne gagnerai assez pour nourrir et vêtir cette marmaille.

CLÉMENTINE. Tu n'as donc jamais mangé de confitures ?

MADELON. Des confitures? Qu'est-ce que c'est que ça?

CLÉMENTINE. Tiens, en voici sur mon pain.

MADELON. Je n'en avais jamais vu de ma vie.

CLÉMENTINE. Goûtes-en un peu. Ne crains rien; tu vois bien que j'en mange.

MADELON, avec transport. Ah! Mamselle. que c'est bon!

CLÉMENTINE. Je le crois, ma chère enfant ; comment l'appelles-tu ?

MADELON, *se levant et lui faisant une révérence.* Madelon, pour vous servir.

CLÉMENTINE. Eh bien! ma chère Madelon, attends-moi ici un moment. Je vais demander quelque chose pour toi à ma bonne, et je reviens aussitôt. Ne t'en va pas, au moins.

MADELON. Oh! je n'ai plus peur de vous!

Clémentine courut chez sa bonne, et la pria de lui donner encore des confitures pour en faire goûter à une petite fille qui n'avait que du pain sec pour déjeuner. La bonne se réjouit de la bienfaisance de son aimable élève. Elle lui en donna dans une tasse, avec un petit pain mollet : et Clémentine se mit à courir de toutes ses jambes avec le déjeuner de Madelon.

— Eh bien! lui dit-elle en arrivant, t'ai-je fait long-temps attendre ? Tiens, ma chère enfant, prends donc. Laisse là ton pain noir, tu en mangeras assez une autre fois.

MADELON, *goûtant la confiture, et passant sa langue sur ses lèvres.* C'est comme du sucre. Je n'avais jamais rien mangé de si doux.

CLÉMENTINE. Je suis charmée que tu le trouves bon. J'étais bien sûre que cela te ferait plaisir.

MADELON. Comment! vous en mangez tous les jours? Nous ne connaissons pas ça, nous, pauvres gens.

CLÉMENTINE. J'en suis assez fâchée. Ecoute, viens me voir de temps en temps, je t'en donnerai. Mais comme tu as l'air de te bien porter? N'es-tu jamais malade?

MADELON. Malade? moi? jamais.

CLÉMENTINE. N'as-tu jamais de rhume? N'es-tu jamais enchifrenée?

MADELON. Qu'est-ce que c'est que ce mal?

CLÉMENTINE. C'est lorsqu'il faut tousser et se moucher sans cesse.

MADELON. Oh! ça m'arrive quelquefois; mais ce ne sont pas des maladies.

CLÉMENTINE. Et alors te fait-on rester au lit?

MADELON. Ha! ha! ma mère ferait un beau train, si je m'avisais de faire la paresseuse.

CLÉMENTINE. Mais qu'as-tu à faire? Tu es si petite!

MADELON. Ne faut-il pas aller, dans l'hiver, ramasser du chardon pour notre âne, et du bois mort pour la marmite? Ne faut-il pas, dans l'été, sarcler les blés, ou glaner? cueillir les pommes et les raisins dans l'automne? Ah! Mamselle, ce n'est pas l'ouvrage qui nous manque.

CLÉMENTINE. Et tes sœurs se portent-elles aussi bien que toi?

MADELON. Nous sommes toutes éveillées comme des souris.

CLÉMENTINE. Ah! j'en suis bien aise! J'étais d'abord fâchée que Dieu semblât ne s'être pas embarrassé de tant de pauvres enfants; mais puisque vous avez la santé, je vois bien qu'il ne vous a pas oubliés. Je me porte bien aussi, quoique je ne sois pas sûrement aussi robuste que toi. Mais, ma chère enfant, tu vas nu-pieds; pourquoi ne mets-tu pas de chaussure?

MADELON. C'est qu'il en coûterait trop d'argent à

mon père s'il fallait qu'il nous en donnât à tous, et il n'en donne à aucun.

CLÉMENTINE. Et ne crains-tu pas de te blesser?

MADELON. Je n'y fais seulement pas attention. Le bon Dieu m'a cousu des semelles sous la plante des pieds.

CLÉMENTINE. Je ne voudrais pas te prêter les miens. Mais d'où vient que tu ne manges plus?

MADELON. Nous nous sommes amusées à babiller, et il faut que j'aille ramasser de l'herbe. Il est bientôt nuit heures. Notre bourrique attend son déjeuner.

CLÉMENTINE. Eh bien! emporte le reste de ton pain. Attends un peu, je vais en ôter la mie, tu mettras la confiture dans le creux.

MADELON. Je vais le porter à ma plus jeune sœur. Oh! elle ne fera pas la petite bouche, celle-là! Elle n'en laissera pas une miette, quand elle aura commencé à le lécher.

CLÉMENTINE. Je t'en aime davantage d'avoir pensé à ta petite sœur.

MADELON. Je n'ai rien de bon sans lui en donner. Adieu, Mamselle.

CLÉMENTINE. Adieu, Madelon. Mais souviens-toi de ce venir demain à la même heure.

MADELON. Pourvu que ma mère ne m'envoie pas ailleurs, je me garderai bien d'y manquer.

Clémentine avait goûté la douceur qu'on sent à faire le bien. Elle se promena quelque temps encore dans le jardin, en pensant au plaisir qu'elle avait donné à Madelon. À la joie qu'aurait sa petite sœur de manger des confitures.

Que sera-ce donc, se disait-elle, quand je lui donnerai des rubans et un collier! Maman m'en a donné l'autre jour d'assez jolis; mais la fantaisie m'en est déjà passée. Je chercherai dans mon armoire quelques chiffons pour la parer. Nous sommes de même taille; mes robes lui iront à ravir. Oh! qu'il me tarde de la voir bien ajustée!

Le lendemain Madelon se glissa encore dans le jardin. Clémentine lui donna des gâteaux qu'elle avait achetés pour elle.

Madelon ne manqua pas d'y revenir tous les jours. Clémentine ne songeait qu'à lui donner de nouvelles friandises. Lorsque ses épargnes n'y suffisaient pas, elle priait sa maman de lui faire donner quelque chose de l'office, et sa mère y consentait avec plaisir.

Il arriva cependant un jour que Clémentine reçut une réponse affligeante. Elle priait sa mère de lui faire une petite avance sur ses pensions de la semaine, pour acheter des bas et des souliers à Madelon, afin qu'elle n'allât plus nu-pieds.

— Non, ma chère Clémentine, lui répondit sa mère.

— Et pourquoi donc, maman?

— Je te dirai à table ce qui me fait désirer que tu sois un peu moins prodigue envers ta favorite.

Clémentine fut surprise de ce refus. Elle n'avait jamais tant soupiré que ce jour-là après l'heure du dîner. Enfin on se mit à table.

Le repas était déjà fort avancé, sans que sa mère lui eût dit la moindre des choses qui eût trait à Madelon. Enfin un plat de chevrettes qu'on servit fournit à madame d'Alençay l'occasion d'entamer ainsi l'entretien.

MADAME D'ALENÇAY. Ah! voilà le mets favori de ma Clémentine, n'est-il pas vrai? Je suis bien aise qu'on vous en ait servi aujourd'hui.

CLÉMENTINE. Oui, maman, j'aime beaucoup les chevrettes et voici le moment où elles sont excellentes.

MADAME D'ALENÇAY. Je suis sûre que Madelon les trouverait encore meilleures que toi.

CLÉMENTINE. Ah! ma chère Madelon! Je crois qu'elle n'en a jamais vu. Si elle apercevait seulement ces longues moustaches, elle en aurait une peur, une peur! Je la vois d'ici s'enfuir à toutes jambes. Maman, si vous vouliez me le permettre, je serais bien curieuse de voir la mine qu'elle ferait. Tenez, rien que deux pour elle, quand ce seraient les plus petites.

MADAME D'ALENÇAY. J'ai de la peine à t'accorder ce que tu me demandes.

CLÉMENTINE. Et pourquoi donc, maman, vous qui faites du bien à tant de monde! Je vous ai aussi demandé ce matin un peu d'argent pour acheter des bas et des souliers à Madelon, et vous m'avez refusée. Il faut que Madelon vous ait fâchée. Est-ce qu'elle aurait fait quelque dégât dans le jardin? Oh! je me charge de la gronder.

MADAME D'ALENÇAY. Non, ma chère Clémentine, Madelon ne m'a point fâchée. Mais veux-tu, par ta bienfaisance envers elle, faire son bonheur ou son malheur?

CLÉMENTINE. Son bonheur, maman. Dieu me garde de vouloir la rendre malheureuse!

MADAME D'ALENÇAY. Je voudrais aussi de tout mon cœur la voir plus fortunée, puisqu'elle a su mériter ton attachement. Mais est-il bien vrai, Clémentine, qu'elle mange son pain tout sec à déjeuner?

CLÉMENTINE. C'est bien vrai, maman. Je ne voudrais pas vous tromper.

MADAME D'ALENÇAY. Comment! elle s'en est contentée jusqu'à présent?

CLÉMENTINE. Mon Dieu, oui! Et quand ce serait de la frangipane, je ne la mangerais pas avec plus de plaisir qu'elle ne mange son pain bis.

MADAME D'ALENÇAY. Il me paraît qu'elle a bon appétit. Mais je ne puis me persuader qu'elle aille nu-pieds.

CLÉMENTINE. C'est toujours nu-pieds que je l'ai vue. Demandez au jardinier.

MADAME D'ALENÇAY. Elle se les met donc tout en sang lorsqu'elle marche sur le sable et sur les cailloux?

CLÉMENTINE. Point du tout. Elle court dans le jardin comme une biche; et elle dit en riant que le bon Dieu lui a cousu une paire de semelles sous les pieds.

MADAME D'ALENÇAY. Je sais que tu n'es pas menteuse; mais je t'avoue que j'ai bien de la peine à croire ce que tu me dis. Je voudrais bien voir les grimaces que ferait ma Clémentine en mangeant du pain bis tout sec, sans beurre ni confitures.

CLÉMENTINE. Oh! je sens qu'il me resterait au gosier.

MADAME D'ALENÇAY. Je ne serais pas moins curieuse de voir comment elle s'y prendrait pour aller nu-pieds.

CLÉMENTINE. Tenez, maman, ne vous fâchez pas; mais hier je voulus l'essayer. Étant dans le jardin, je tirai mes souliers et mes bas pour marcher pieds nus,

Je les sentais tout meurtris, et cependant je continuai d'aller. Je rencontrai un tesson. Aye! cela me fit tant de mal que je retournai tout doucement reprendre ma chaussure, et je me promis bien de ne plus marcher les pieds nus. Ma pauvre Madelon! elle est cependant ainsi tout l'été.

MADAME D'ALENÇAY. Mais d'où vient donc que tu ne peux manger du pain sec ni aller nu-pieds comme elle?

CLÉMENTINE. C'est peut-être que je n'y suis pas accoutumée.

MADAME D'ALENÇAY. Mais si elle s'accoutume, comme toi, à manger des friandises et à être bien chaussée, et qu'ensuite le pain sec lui répugne, et qu'elle ne puisse plus aller nu-pieds sans se blesser, croiras-tu lui avoir rendu un grand service?

CLÉMENTINE. Non, maman; mais je veux faire en sorte que de toute sa vie elle ne soit plus réduite à cet état?

MADAME D'ALENÇAY. Voilà un sentiment très généreux: et tes épargnes le suffiront-elles pour cela?

CLÉMENTINE. Oui bien, maman, si vous voulez y ajouter tant soit peu.

MADAME D'ALENÇAY. Tu sais que mon cœur ne se refuse jamais à secourir un malheureux, lorsque l'occasion s'en présente. Mais Madelon est-elle la seule enfant que tu connaisses dans le besoin?

CLÉMENTINE. J'en connais bien d'autres encore. Il y en a deux surtout ici près, dans le village, qui n'ont ni père ni mère.

MADAME D'ALENÇAY. Et qui, sans doute, auraient bien besoin de secours?

CLÉMENTINE. Oh! oui. maman.

MADAME D'ALENÇAY. Mais si tu donnes tout à Madelon, si tu la nourris de biscuits et de confitures, en laissant les autres mourir de faim, y aura-t-il bien de la justice et de l'humanité dans cet arrangement?

CLÉMENTINE. De temps en temps je pourrai leur donner quelque chose ; mais j'aime Madelon par-dessus tout.

MADAME D'ALENÇAY. Si tu venais à mourir, et que Madelon fût accoutumée à avoir toutes ses aises...

CLÉMENTINE. Je suis bien sûre qu'elle pleurerait ma mort.

MADAME D'ALENÇAY. J'en suis persuadée. Mais la voilà qui retomberait dans l'indigence: il faudrait peut-être qu'elle fit des choses honteuses pour continuer de se bien nourrir et de se bien parer. Qui serait alors coupable de sa perte ?

CLÉMENTINE, tristement. Moi, maman. Ainsi donc, il faut que je ne lui donne plus rien?

MADAME D'ALENÇAY. Ce n'est pas ma pensée. Je crois cependant que tu ferais bien de lui donner plus rarement de bons morceaux, et de lui faire plutôt le cadeau d'un bon vêtement.

CLÉMENTINE. J'y avais pensé. Je lui donnerai, si vous voulez, quelqu'une de mes robes.

MADAME D'ALENÇAY. J'imagine que ton fourreau de satin rose lui siérait à merveille, surtout sans chaussure.

CLÉMENTINE. Bon ! tout le monde la montrerait au doigt. Comment donc faire ?

MADAME D'ALENÇAY. Si j'étais à ta place, j'économiserais pendant quelque temps sur mes plaisirs ; et lors-

que j'aurais ramassé un peu d'argent, je l'emploierais
à lui acheter ce qu'elle aurait de plus nécessaire. L'é-
toffe dont les enfants des pauvres s'habillent n'est pas
bien coûteuse.

Clémentine suivit le conseil de sa mère. Madelon
vint la trouver plus rarement à l'heure de son déjeuner; mais Clémentine lui faisait d'autres cadeaux
plus utiles. Tantôt elle lui donnait un tablier, tantôt
un cotillon, et elle payait ses mois d'école chez le ma-
gister du village, pour qu'elle achevât de se perfection-
ner dans la lecture.

Madelon fut si touchée de ces bienfaits, qu'elle s'at-
tacha de jour en jour plus tendrement à Clémentine.
Elle venait souvent la trouver, et lui disait : Auriez-
vous quelque commission à me donner? pourrais-je
faire quelque ouvrage pour vous? Et lorsque Clémentine lui donnait l'occasion de lui rendre quelque léger
service, il aurait fallu voir la joie avec laquelle Madelon s'empressait de l'obliger.

Elle s'était rendue un jour à la porte du jardin de
Clémentine, pour attendre qu'elle y descendît, mais
Clémentine n'y descendit point. Madelon y revint une
seconde fois, mais elle ne vit point Clémentine. Elle y
retourna deux jours de suite : Clémentine ne paraissait point.

La pauvre Madelon était désolée de ne plus voir sa
bienfaitrice. Ah! disait-elle, est-ce qu'elle ne m'aime
plus? Je l'aurai peut-être fâchée sans le vouloir. Au
moins, si je savais en quoi, je lui en demanderais pardon. Je ne pourrais pas vivre sans l'aimer.

La femme de chambre de madame d'Alençay sortit en ce moment. Madelon l'arrêta.

— Où donc est mamselle Clémentine ? lui demanda-t-elle.

— Mademoiselle Clémentine? répondit la femme de chambre; elle n'a peut-être pas longtemps à vivre. Je la crois à toute extrémité. Elle a la petite vérole.

— O Dieu! s'écria Madelon, je ne veux pas qu'elle meure!

Elle court aussitôt vers l'escalier, monte à la chambre de madame d'Alençay : Madame, lui dit-elle, par pitié dites-moi où est mamselle Clémentine : je veux la voir. Madame d'Alençay voulut retenir Madelon; mais elle avait aperçu, par la porte entr'ouverte, le lit de Clémentine, et elle était déjà à son côté.

Clémentine était dans les agitations d'une fièvre violente. Elle était seule et bien triste; car toutes ses petites amies l'avaient abandonnée.

Madelon saisit sa main en pleurant, la serra dans les siennes, et lui dit : Ah! mon Dieu, comme vous voilà! Je resterai le jour et la nuit auprès de vous; je vous veillerai, je vous servirai; me le permettez-vous? Clémentine lui serra la main, et lui fit comprendre qu'elle lui ferait plaisir de demeurer auprès d'elle.

Voilà donc Madelon devenue, par le consentement de madame d'Alençay, la garde de Clémentine. Elle s'acquittait à merveille de son emploi. On lui avait dressé une couchette à côté du lit de la petite malade; elle était sans cesse auprès d'elle. A la moindre plainte que laissait échapper Clémentine, Madelon se levait pour lui demander ce qu'elle avait. Elle lui présen-

lait elle-même les remèdes prescrits par les méde-
cins. Tantôt elle allait cueillir du jonc pour faire, sous
ses yeux, de petits paniers et de fort jolies corbeilles;
tantôt elle bouleversait toute la bibliothèque de madame d'Alençay pour lui trouver quelques estampes
dans ses livres. Elle cherchait dans son imagination
tout ce qui était capable d'amuser Clémentine et de la
distraire de ses souffrances. Clémentine eut les yeux
fermés de boutons pendant près de huit jours. Ce
temps lui paraissait bien long; mais Madelon lui faisait des histoires de tout le village : et comme elle
avait bien su profiter de ses leçons, elle lui lisait tout
ce qui pouvait la réjouir. Elle lui adressait aussi de
temps en temps des consolations touchantes. Un peu
de patience, lui disait-elle, le bon Dieu aura pitié de
vous, comme vous avez eu pitié de moi. Elle pleurait
à ces mots; puis séchant aussitôt ses larmes : Voulez-
vous, pour vous réjouir, que je vous chante une jolie
chanson? Clémentine n'avait qu'à faire un signe et
Madelon lui chantait toutes les chansons qu'elle avait
apprises des petits bergers d'alentour. Le temps se
passait de la sorte sans que Clémentine éprouvât trop
d'ennui.

Enfin sa santé se rétablit peu à peu : ses yeux se
rouvrirent, son accablement se dissipa, ses boutons
séchèrent et l'appétit lui revint.

Elle avait le visage encore tout couvert de rougeurs.
Madelon semblait ne la regarder qu'avec plus de plaisir, en songeant au danger qu'elle avait couru de la
perdre. Clémentine, de son côté, s'attendrissait aussi
en la regardant. Comment pourrais-je, lui disait-elle,

le payer, selon mon cœur, de tout ce que tu as fait pour moi? Elle demandait à sa maman de quelle manière elle pourrait récompenser sa tendre et fidèle gardienne. Madame d'Alençay, qui ne se possédait pas de joie de voir sa chère enfant rendue à la vie après une maladie si dangereuse, lui répondit : Laisse-moi faire, je me charge de nous acquitter l'une et l'autre envers elle.

Elle fit faire secrètement pour Madelon un habillement complet. Clémentine se chargea de le lui essayer le premier jour où il lui serait permis de descendre dans le jardin. Ce fut un jour de fête dans toute la maison. Madame d'Alençay et tous ses gens étaient enivrés d'allégresse du rétablissement de Clémentine. Clémentine était transportée du plaisir de pouvoir récompenser Madelon ; et Madelon ne se possédait pas de joie de revoir Clémentine dans les lieux où avait commencé leur connaissance, et encore de se trouver toute habillée de neuf de la tête aux pieds.

JOSEPH.

Il y avait à Bordeaux un fou qu'on nommait Joseph. Il ne sortait jamais sans avoir cinq ou six perruques entassées sur sa tête, et autant de manchons passés dans chacun de ses bras. Quoique son esprit fût dérangé, il n'était point méchant, et il fallait le harceler longtemps pour le mettre en colère. Lorsqu'il passait dans les rues, il sortait de toutes les maisons des pe-

tils garçons malicieux, qui le suivaient en criant : Joseph ! Joseph ! combien veux-tu vendre tes marchons
et tes perruques ? Il y en avait même d'assez méchants
pour lui jeter des pierres. Joseph supportait ordinai-
rement avec douceur toutes ces insultes : cependant il
était quelquefois si tourmenté qu'il entrait en fureur
prenait des cailloux ou des poignées de boue, et les je-
tait aux polissons.

Ce combat se livra un jour devant la maison de
M. Desprez. Le bruit l'attira à la fenêtre. Il vit avec
douleur que son fils Henri était engagé dans la mêlée
A peine s'en fut-il aperçu, qu'il referma la croisée et
passa dans une autre pièce de son appartement.

Lorsqu'on se mit à table, M. Desprez dit à son fils :
Quel était cet homme après qui tu courais en poussant des cris ?

HENRI. Vous le connaissez bien, mon papa; c'est ce
fou qu'on appelle Joseph.

M. DESPREZ. Le pauvre homme ! Qui peut lui avoir
causé ce malheur ?

HENRI. On dit que c'est un procès pour un riche héritage. Il a eu tant de chagrin de le perdre, qu'il en a
perdu aussi l'esprit.

M. DESPREZ. Si tu l'avais connu au moment où il fut
dépouillé de cet héritage, et qu'il t'eût dit les larmes
aux yeux : « Mon cher Henri, je suis bien malheureux ;
on vient de m'enlever un héritage dont je jouissais pai-
siblement. Tous mes biens ont été consumés par les
frais de la procédure; je n'ai plus ni maison de campagne ni maison à la ville, il ne me reste rien; » est-
ce que tu te serais moqué de lui ?

HENRI. Dieu m'en préserve ! qui peut être assez mé-chant pour se moquer d'un homme malheureux ? J'au-rais bien plutôt cherché à le consoler.

M. DESPREZ. Est-il plus heureux aujourd'hui, qu'il a aussi perdu l'esprit ?

HENRI. Au contraire, il est plus à plaindre.

M. DESPREZ. Et cependant aujourd'hui tu insultes et tu jettes des pierres à un malheureux que tu aurais cherché à consoler lorsqu'il était beaucoup moins à plaindre.

HENRI. Mon cher papa, j'ai mal fait ; pardonnez-le-moi.

M. DESPREZ. Je veux bien te pardonner, pourvu que tu t'en repentes. Mais mon pardon ne suffit pas ; il y a quelqu'un à qui tu dois encore le demander.

HENRI. C'est apparemment Joseph.

M. DESPREZ. Et pourquoi donc Joseph ?

HENRI. Parce que je l'ai offensé.

M. DESPREZ. Si Joseph avait conservé son bon sens, c'est bien à lui que tu devrais demander pardon de ton offense ; mais comme il n'est pas en état de compren-dre ce que tu lui demanderais par ton pardon, il est inutile de t'adresser à lui. Tu crois cependant qu'on est obligé de demander pardon à ceux que l'on a of-fensés ?

HENRI. Vous me l'avez appris, mon papa.

M. DESPREZ. Et sais-tu qui nous a commandé d'avoir de la pitié pour les malheureux ?

HENRI. C'est Dieu.

M. DESPREZ. Cependant tu n'as point montré de pitié pour le pauvre Joseph ; au contraire, tu as augmenté

son malheur par tes insultes. Crois-tu que cette conduite n'ait pas offensé Dieu?

HENRI. Oui, je le reconnais, et je veux lui en demander pardon ce soir dans ma prière.

Henri tint parole; il se repentit de sa méchanceté, et
il en demanda le soir pardon à Dieu du fond du cœur

Malgré ses belles résolutions, il lui arriva un jour de
se mêler dans la foule des polissons qui le poursui-
vaient. Ce n'était, à la vérité, que par pure curiosité,
et seulement pour voir les niches qu'on faisait à ce
pauvre homme. De temps en temps il lui échappait de
crier comme les autres : Joseph ! Joseph ! Peu à peu il
se trouva le premier de la bande ; en sorte que Joseph,
impatienté de toutes ces huées, s'étant retourné tout-
à-coup, et ayant ramassé une grosse pierre, la lui jeta
avec tant de raideur, qu'elle lui frôla la joue et lui em-
porta un bout d'oreille.

Henri rentra chez son père tout ensanglanté et jetant de hauts cris. — C'est une juste punition de Dieu,
lui dit M. Desprez. — Mais, lui répondit Henri, pourquoi ai-je été tout seul maltraité, tandis que mes camarades qui lui faisaient beaucoup plus de malices
n'ont pas été punis?—Cela vient, lui répliqua son père,
de ce que tu connaissais mieux que les autres le mal
que tu faisais, et que par conséquent ton offense était
plus criminelle. Il est juste qu'un enfant instruit des
ordres de Dieu et de ceux de son père soit doublement
puni lorsqu'il a l'indignité de les enfreindre.

FIN.

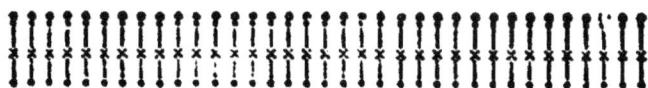

TABLE.

—

FIN DE LA TABLE.

Limoges. — Imp. Eugène Ardant et Cⁱᵉ,

www.ingramcontent.com/pod-product-compliance
Lightning Source LLC
Chambersburg PA
CBHW070351090426
42733CB00009B/1367